# 거대한 분기

# La grande bifurcation

by Gérard Dumenil and Dominique Lévy

La grande bifurcation

En finir avec le néolibéralisme

신자유주의 위기 그 이후

# 거대한 분기

제라르 뒤메닐·도미니크 레비 지음

김덕민·김성환 옮김

나름북스

# 차례

한국어판 출간에 즈음하여 _ 8

서론 _ 14

## 1부  역사 동역학

1장  **자본주의가 역사의 끝인가?** _ 26
- 사회화, 자본주의적 소유 _ 27
- 정부 개입과 정부 기관 _ 29
- 자본주의를 조직하는 사회 계급인 관리직 _ 31
- 조직자본주의의 삼중 계급 구조 _ 35
- 자본주의 금융 _ 38
- 관리자본주의로서 20세기 자본주의, 관리자주의 _ 39

2장  **사회 변화의 동역학에서의 대립과 타협** _ 43
- 관리자본주의의 세 가지 사회 질서: 최초의 금융 헤게모니,
  전쟁 후의 타협, 그리고 신자유주의 _ 44
- 국가 그리고 민주주의 _ 52
- 혁명적 동맹의 운명 _ 55
- 좌파적 동맹 혹은 우파적 동맹 그리고 지도력:
  사회주의와 신관리주의 _ 58
- 생산관계와 사회 질서: 상호적인 관계 _ 60
- 거대한 분기 _ 61

| 2부 | 전후의 사회적 형세와 신자유주의 |
|---|---|

**3장   좌파적 타협 _ 66**
- 소득과 재산: 보다 평등했던 사회 _ 67
- 성장에 봉사하는 금융 부문 _ 72
- 기업 내 관리직 지배 구조와 임금 노동자의 동맹 _ 74
- 정부를 매개로 한 좌파적 타협: 거대 규모의 국가와 사회 보호 _ 79
- 민족 경제들 _ 80

**4장   연속성과 단절 _ 83**
- 노동자 운동이 주도하는 사회적 타협 _ 85
- 국제적 관계의 틈 _ 88
- 전후 사회적 타협의 와해 _ 93

**5장   '1979년의 격변'에서 2008년 경제 위기까지 _ 94**
- '1979년의 격변'과 1980년대의 규제 완화,
  주변국의 부채 위기와 중심국의 금융 위기 _ 94
- 1990년대의 경제 위기와 신자유주의 전파의 거대한 물결 _ 97
- 1990년대 중후반: 미국 헤게모니 아래서 만개한 신자유주의 _ 99
- 세계화의 전개와 신자유주의적 세계화 _ 100
- 금융화, 규제 완화 그리고 세계화: 미국 경제의 증가하는 불균형 _ 101
- 2008: 결말 _ 104

**6장  신자유주의에 의한 고난을 겪는 유럽 _ 107**
- 로마에서 마스트리히트로: 신자유주의적 세계화 속에서 융해된 프로젝트 _ 108
- 경제 위기 이전 그리고 경제 위기에 이르기까지: 스페인의 사례 _ 114
- 독일과 프랑스의 경로들 _ 124


**3부  상층에서 벌어지는 긴장**


**7장  영미식 금융: 모델과 영향력 _ 130**
- 금융 부문과 비금융 부문의 소유와 관리: 영미식 신자유주의의 경우 _ 130
- 관리와 소유 네트워크의 전화, 권력 게임 _ 133
- 주주 행동주의, 헤지 펀드, 신자유주의적 기업의 지배 구조 _ 136
- 통제와 소유의 네트워크: 미국 헤게모니 _ 137


**8장  유럽의 특수성: 독일식 산업주의와 프랑스식 금융화 _ 146**
- 유럽적 특이성과 유럽화 _ 146
- 영미식 신자유주의의 길 밖으로: 신자유주의-신관리주의적 잡종 형성 _ 149
- 프랑스: 정부가 금융의 모래성을 건설하다 _ 152
- 독일과 프랑스: 서로 다른 두 가지 형태를 띠는 신자유주의적
  세계화로의 편입 _ 159


**9장  국제적 무대 _ 164**
- 구 중심부 헤게모니의 쇠퇴 _ 164
- 자본 축적의 모순과 국제 무역의 불균형 _ 170
- 보호주의의 등장 _ 176
- 불안정한 금융 흐름과 저항 중인 주변부 _ 177

**10장**　**미국-유럽: 야망, 우파들의 수렴과 분기** _ 180

● 미국에서 신자유주의적 경로의 연장 _ 180

● 미국의 일시적 호전: 경기 후퇴로부터 부분적 탈출 _ 182

● 미국은 세계화의 위협에 대처할 수 있는가? _ 185

● 제국의 중심, 사회 질서의 변화 외에는 다 한다 _ 189

● 유럽: 어려운 상황과 통합 유럽의 미래를 위한 결정적 출구 _ 191

● 유럽의 우파적 컨센서스: 신관리주의적 탈출? _ 195

**11장**　**유럽: 좌파적 타협, 보존과 지양의 경계에서** _ 198

● 금융에 맞선 세 좌파 _ 200

● 프로젝트를 정의하고 사회를 선택하기 _ 202

● 점진주의냐 혁명이냐? 계급 간 동맹 _ 204

● 계급 헤게모니와 국제 헤게모니 _ 209

● 금융 헤게모니를 타도하고 관리의 자율성을 회복하기 _ 210

● 영미 헤게모니를 타도하고 세계화 과정의 정책적 자율성 확보하기 _ 213

● 공동 통치: 어떻게 역사의 반복을 모면할 것인가? _ 216

● 정치적 전망 _ 219

**역자 후기** _ 222

## 한국어판 출간에 즈음하여

이 책은 2014년 1월 프랑스에서 출간되었다. 우선 우리는 이 책에서 현재의 정치 경제적 상황을 (상당히 갱신된 형태이긴 하지만) 마르크스적 해석을 바탕으로 좀 더 긴 역사 속에서 파악하려고 했다. 둘째로, 미국과 유럽의 현실에 대해 좀 더 균형 잡힌 분석을 하려고 했으며, 특히 아시아의 흥륭에 따른 세계의 변화 과정이라는 더 일반적인 맥락에서 서술하려고 했다. 물론 이와 관련된 정치 경제적 관점을 부각하려는 것이다.

이 서문을 쓰는 현재는 출간 후 시간이 어느 정도 흘렀지만 지금도 우리는 여전히 유사한 관점을 유지하고 있다. 역사적 해석에서나 경제적 상황에 대한 분석, 또는 그리스에서 좌파당이 승리했지만 정책적 조언이라는 측면에서 수정되거나 좀 더 명확해진 것은 없다.

좀 더 구체적인 이론적 측면에서는 어떤 진전의 기미가 보이기는 하지만, 마르크스주의 갱신과 관련된 문제 중 어떤 것도 해결되지 않았다. 하지만 신자유주의기 열정적으로 주장하는 "역사의 종말"이 우리를 절망스럽게 한다. 유토피아의 위기(우리가 때때로 그것의 죽음이라고 말하는)가 경제 및 생태의 위기와 적어도 동일 선상에 놓여 있다. 바로 이러한 상황을 극복하기 위해 마르크스를 참조할 수밖에 없다. 하지만 그것은 가장 진보적인 형태의 급진적 민주주의(소비에트 권력)라는 명목으로 18세기와 19세기에 있었던 거대한 해방의 프로젝트를 소진하면서 관료적 관리주의를 탄생시킨 마르크스-레닌주의를 반복하는 것과는 관련이 없다.

계급 사회를 지양하는 혁명적이고 개량주의적인 두 개의 도정이 실패한 이유를 장기적인 맥락과 새로운 삼극의 계급(자본가, 관리직, 민중 계급) 구조 속에서 해석해야만 한다. 관리직 주도에 따른 문제로 인해 제1인터내셔널의 활동력이 쇠퇴하게 되었다(마르크스가 고발했던 이른바 권위주의). 혁명에 성공한 모든 곳에서 이루어진 새로운 사회를 건설하려는 시도들은 관리자들에게 주어진 주도권으로 인해 불가능해지고 말았다. 제2차 세계대전 이전과 이후 몇몇 선진국에서 (수십 년 동안의 투쟁과 1929년의 충격 아래서) 관리직과 민중 계급은 동맹을 이루었고, 이는 그 이후로 전적으로 양극적인 상위 계급 지배의 역사에 가장 큰 타격을 준 것이었다. 하지만 이는 신자유주의 반혁명으로 인해 단절되기에 이르렀다. 신자유주의 내에서 관리직 계급과 자본가 계급이 재결합하면서 발생한 우파적인 정치적 동맹으로의 급격한 이동이 이 시기 또 다른 지배 계급인 관리직 계급의 근본적 본질이었다.* 모든 것이 새롭게 파악되어야 하며, 이 책에서 그러한 기획을 갱신해 나가고 있다.

더 직접적인 경제적 차원에서 이 책에서 보여준 명백한 경향들이 지속되고 있다. 미국의 사회와 경제를 지배한 신자유주의적 주요 경향들이 여전하다. 기업은 주가 극대화라는 목표 아래서 관리되고 있으며, 상위 관리자들 보수의 상당 부분이 주식 시장에서 이루어지는 기업 성과에 연동되고 있다. 더 일반적으로 보자면, 미국에서 상위 임금 소득자와 나머지 대다수의 임금 소득자(적어도 90%에게는 그다지 유리하지 않은)의 격차가 계속 확대되고 있다. 거대 주주들과 상위 관리자들이 조우하는 "소유-관리 인터페이스"의 세계적 시스템을 미국의 금융 기관들이 여전히 지배하고 있다. 하지만 최근의 진화 과정을 통해 연방 준비 제도와 정부가 실행하는 새로운 개입주의 형태를 확인할 수 있고, 이 책에서 우리는 이를 "관리된 신자유주의"라고 불렀다. 이러한 용어의 모순적 형태를 통해 그것이 지칭하는 현실을 잘 정의할 수 있다. 정부가 점진적으로 산업 정책과 에너지

---

* 현대 경제 내에서 나타나는 관리주의적 관계의 증대에 대해서 우리는 토마 피케티, 이매뉴얼 사에즈, 가브리엘 쥐크망의 데이터를 사용해 더 세밀하게 분석한, G. Duménil and D. Lévy, <Neoliberal Managerial Capitalism: Another Reading of Piketty's, Saez's, and Zucman's Data>, Paris, 2014를 참조할 수 있다.

(우리는 셰일 가스를 염두에 두고 있다) 정책을 통해 개입하고 있고, 열악한 임금 조건 아래서 이용될 수 있는 노동 인구들이 엄연히 존재하며, 생산 비용은 매년 중국과의 경쟁 압력을 낮출 수 있는 수준으로까지 떨어졌다. 연방 준비 제도의 정책은 상당히 새롭고, 막대한 증권 구매를 의미하는 "비전통적"이라 불리는 거시 경제 정책과 연관되어 있다. 미국의 생산은 구비된 가동 역량보다 현저히 낮은 수준에 머물러 있지만, 그러한 상황은 가계가 부채를 점진적으로 줄여나감에 따라 천천히 개선되고 있다. 이는 명백히 이러한 상황이 더 장기적으로 지속 가능하다는 것을 의미하지는 않는다. 투자율이 아주 취약하며, 아직도 하락 경향을 보인다.

유럽은 매우 취약한 경제적 성과를 내고 있다. 물론 유럽 대륙은 분할되어 있다. 영국은 미국과 같은 신자유주의적 길을 따르고 있으며, 거대한 세계 금융 기관들의 체계 내에서 유럽 대륙이라는 목적지에 대한 전달 벨트 역할을 수행하고 있다. 하지만 거기에서 "영토적" 경제의 문제는 해결된 바가 없다. 다시 말해 그 나라 자체에서 생산되는 것이라곤 없다. 유럽 대륙 내에서 우리가 관습적으로 "북유럽"이라 부르고, 동유럽 또는 남쪽 주변부라고 부르는 나라들 사이에 심각한 양극화가 나타나고 있다. 유럽 대륙은 미국의 신자유주의 모델을 완전히 따라 하지는 않았으며, 불평등은 더 완만하게 증가했다(실은 비교할 수 없을 정도로 약하게). 하지만 위기의 지속적 효과에 대응하려는 유럽 당국의 의지는 미국에 미치지 못했다. "긴축"이라는 표현이 이를 잘 나타내 주며 그리스와 같이 가장 위험한 지경에 놓인 나라에 미친 결과를 우리는 이미 알고 있다. 그러한 조정 과정은 매우 더디게 이루어지고 있다.

최근에 그리스의 좌파당, 시리자의 승리는 이러한 난관의 본질을 잘 보여 준다. 3,180억 유로에 달하는 그리스의 공공 부채는 그리스에는 거대한 것이다. 그에 비해 프랑스 또는 독일은 2조 유로에 달하는 공공 부채를 안고 있다. 유럽중앙은행은 매달 600억 유로의 공공 및 민간 채권 구매 프로그램을 채택하고 있다. 만약 그리스의 채권이 우선적으로 구매되었다면 그리스의 공공 부채는 몇 달 안에 지속 가능한 수준으로 감소했을 것이다. 이를 통해 그 채권을 보유한 금융 기관들(특히 유럽 대륙의 다른 국가들)은 훨씬 강력한 대출을 실행할 수 있는 역량을 확보했을 것이다. 하지만 아무것도 이루어진 것이 없고, 있다면 미미한 정도였을 뿐이다. 그리스가 불확실한 형태의 고금리 재융자를 채택하지는 않을 것이기 때문에 이는 필수 불가결하다고 할 수 있다. 부자들에게 세금을 부과해 국가의 금고를 메우지 않을 것이며(아주 필수적인 것이지만), 민간으로 공기업을 매각한다고 하더라도 필요한 자금을 조달할 수는 없을 것이다. 유로존 탈퇴는 미상환 부채를 두 배로 증가시킬 것이며, 이러한 채권의 갑작스러운 가치 절하가 그 나라와 다른 유럽 국가들에 미칠 영향을 파악하기 어렵다. 유럽중앙은행은 결국 미리 해야만 했던 일을 다시 할 수밖에 없는 처지에 처할 것이다.

　유럽의 상황은 아주 정치적인 것이다. 그들에게는 미국이나 중국에서 결정적 요소로 작용하는 유럽 민족주의라는 것이 없다. 아주 취약한 상태에 있는 그리스와 같은 국가의 상황은 결국 특히 프랑스와 같은 곳의 유럽 급진 좌파의 초라한 상태로부터 오는 것이다. 오직 다른 나라들의 아래로부터의, 즉 정치적으로 강한 압력을 가할 수 있는 민중 계급의 투쟁만이 유럽 대륙의 경제 정책을 뒤흔들어 놓을 수 있을 것이다.


제라르 뒤메닐과 도미니크 레비

서론

# 사회 변화의 도정들

이 책은 오래된 중심이라 불리는 유럽과 미국이 지난 30년간 겪은 사회적 후퇴 과정에 대한 평가와 관련되어 있다. 이러한 평가 과정을 통해 과거가 잊히는 것은 아니지만, 어쨌든 현실적 궤도는 진보와는 반대 방향을 향하고 있음이 분명하다. 이러한 퇴행적 경향은 익숙하다. 대다수 사람의 구매력이 정체되고, 생태적 재앙과 지구 온난화, 사회적 보호 및 연구 또는 교육의 질이 후퇴하고 있으며, 금융 및 시장적 실천이 생활 전반의 영역으로 침범하고 있다. 경제 위기를 핑계로 민중은 더 많은 압박을 받고 있으며, 이러한 경향은 더욱 강화되고 있다. 정치적 측면에서 이 책은 이러한 동역학적 과정의 반전을 목표로 하고 있다.

물론 이러한 판단은 진정한 좌파적 시각에 기초한다. 좌파들은 평등하고 연대적인 '공존(같이 살기Vivre Ensemble)', 그리고 개인과 집단의 삶에 고귀함을 부여하는 문화적·사회적 가치에 인류의 미래가 달려 있음을 잘 안다. 이것이 갖는 함의는 분명하다. 불평등에 대해 투쟁하고, 집합적 노동에 투여한 각자의 노동을 보상받고, 권력 또는 자산의 위계와는 별개로 권리를 보장받고, 환경을 보전하고, 약자를 보호하는 것 등이다. 이 프로젝트는 특권적 소수의 이해를 공고화하며 엘리트주의라는 이데올로기적 주장을 설파하는 우파 세력의 실천에 막혀 있다. 우파는 자신들이 속한 집단과 개인들이 질적으로 상위에 속한다고 생각하며, 능률과 우수함이라는 명목에서 위계 관계적 질서를 정당화한다.

유토피아는 완전히 사라졌는가? 여기서 현대 사회의 역사를 모두 되풀이하지는 않겠지만, 두 세기 반 정도의 과거를 회고해 보려고 한다. 18세기의 혁명들은 프랑스 혁명을 통해 공화국의 프론톤에 기입된 '자유, 평등, 박애'와 같은 이념으로 이어졌다. 그때는 자신만만한 부르주아들의 시대였다. 마르크스(우리가 그에게 무조건적 호의를 가졌다는 혐의를 두지 않기를 바란다)는 부르주아들에게 기존 사회 구조를 변혁할 역량이 있다고 평가하기를 주저했다. 하지만 부르주아들은 민중의 힘을 이용해 새로운 세계를 탄생시켰다. 부르주아들은 억압적 힘을 통해 주기적으로[테르미도르(1794년 7월)에서 1848년 6월까지] 1789년 프랑스 혁명 헌법 제정의 의회 이념이기도 한 평등주의적 이념을 전파하려는 민중의 움직임을 제어하려 했다. 이제 막

출발하던 민중 공화국은 부르주아 공화국에 그 지위를 양도했다. 노동자들은 보통 선거가 민중 권력을 보장하지 않는다는 점을 깨달아야 했다.

인간은 모두 법적으로 자유롭고 평등하게 태어나지만 실제 삶은 그렇지 않았고, 여성은 또 다른 성을 가진 '인간'으로서 동등한 지위를 가진다고 할 수 없었다. 그리고 이런 인간 내부에서 하위 '인종'에 속했던 광범위한 분파들이 온전한 지위를 획득하는 데에는 아주 오랜 시간이 필요했다. 다시 말해 사회 변화의 도정은 아주 더디고 고달프며 선택적인 것이었다. 1789년 인간과 시민의 권리 선언이 소수로의 부의 집중으로 인해 더 이상 유효하지 않다는 사실이 빠르게 인식되었고, 그 가운데 어떤 특권적 의식도 생겨났다. 이 맥락에서 1789년 직후에 '공산주의'라 불린 프랑수아 노엘 바뵈프François-Noel Babëuf의 급진적 해방 프로젝트가 나오게 되었다. 결국 자본주의적 소유를 문제 삼지 않는다면 차별을 없애려는 시도는 불가능할 것이고, 평등은 무의미한 말이 될 것이었다.

거대 산업의 발전은 계급 대립 상황을 변화시키는 대규모 사회적 변혁으로 이어졌다. 시장의 발전으로 노동자 계급은 개별 공장 수준의 규모와 역량을 훨씬 뛰어넘는 정도로 확대되고 있었다. 19세기 노동자들의 투쟁과 지적 열기가 만나는 지점에서 다양한 형태의 사회주의들(푸리에주의, 라살레주의, 프루동주의 등)이 탄생했다. 이런 흐름들 안에서 역사적 과정을 굴절시킬 주요한 사상의 형상이 갑자기 등장했다. 칼 마르크스는 살아 있는 동안은 물론이고, 사후에도 강력한 영향력을 끼친 사람이었다. 또한 그를 프리드리히 엥겔스와 떼어 놓고 생각할 수는 없다. 마르크스는 공산주의와 사회주의 이념에 과학적 기초를 부여했다고 주장하면서, 이전에 존재하고 있던 관련된 이념들을 자신의 것으로 흡수했다. 거기에 노동자 투쟁 사이의 협력을 목표로 하고, 그것을 완전히 확장시키는 국제주의가 자연스럽게 추가되었다. 더 이상 단순한 진보 프로젝트가 문제가 아니라 급진적인 사회 해방이 문제였으며, 이는 이제까지 인류가 밟아 온 역사 그 자체로부터의 해방을 의미했다. 노동자 계급은 자본주의를 넘어 사회적 해방과 자본주의적 무정부성을 대체할 조직된 경제 질서 수립이라는 이중 과업을 달성해야만 했다. 마르크스가 아주 명확하게 언급한 것은 아니었지만, 실천 과정에서 나타난다고 강조한 바 있는 이상적 세계의 윤곽이 드러나게 되었다. 파리 코뮌을 통해 우리는 권력 실행의 고유한 위계 관계들 속에서 민중의 주도권을 확보하는 과정을 확인할 수 있었다.

　'사회주의' 또는 '사회-민주주의'적 흐름이 공고화된 곳은 선진 산업 국가인 독일이었다. 오늘날 혁명과 개혁의 길은 단단히 교착되어 있어 얽힌 매듭을 풀기가 매우 어려워 보인다. 마르크스가 선진 노동자 계급의 잠재된 혁명성에 기대를 걸면서 예상했던 과정과 부르주아적 관계의 폐지와 권력 쟁취를 실현하려 한 일련의 사건들이 나아갔던 방향은 달랐다. 다른 나라들에서 혁명이 분쇄되고 있을 때

러시아에서는 레닌과 볼셰비키의 강력한 지도 아래 혁명이 일어났다. 우리가 이미 알고 있는 것처럼 노동자 운동 내부에 거대한 분열이 발생했고, 1919년 마르크스주의를 표방하는 공산주의 인터내셔널(또는 제3인터내셔널)의 창립으로 이어졌다. '공산주의'라는 용어는 혁명적 급진주의를 표방했고, '사회주의'는 그에 동조하길 거부한 개혁주의적 흐름을 지칭하게 되었다. 또한 19세기 말 중국에 마르크스주의적 분석이 도입된 이후, 1921년 중국공산당이 창설되고 1949년 권력을 쟁취할 때까지 벌어진 중국의 혁명적이고 영웅적인 투쟁도 잊지 말아야 한다.

그러나 우리는 이러한 과정들의 두 번째 국면에 더 주목할 필요가 있다. '모든 권력을 소비에트로'라는 슬로건은 승리 이후에 지속되지 못했다. 정치 관리자들이 프롤레타리아의 권력을 대리하는 상황이 모든 곳에서 나타났다. (멘셰비키였던) 레온 트로츠키는 1904년 그것을 '대리주의'[1]라고 불렀는데, 이는 관료적 형세[2] 속에서 나타난

---

**1**  L. Trotski, 《Nos tâches politiques》, Denöel-Gonthier, Paris, 1970[1904]. 롤랑 레브Roland Lew가 이러한 용어를 다시 사용했다. R. Lew, 《L'Intellectuel, l'État et la Révolution: Essais sur le communisme chinois et le socialisme réel》, L'Harmattan, Paris, 1997. G. Duménil, D. Lévy et R. Lew, "Cadrisme et socialisme. Une Comparaison URSS-Chine", 〈Transitions〉, vol. 40, no. 1-2, 1999, pp. 195-228.

**2**  여기서 '형세'라는 말은 configuration이라는 영어 및 불어식 표현의 번역어다. 우리는 이를 arrangement와 구별하기 위해 사용하는데, 둘 다 배치라는 의미를 가지고 있지만, 사회 변화의 정세와 그와 관련된 '배치'를 유비시키기 위해 '형세'라는 표현을 쓰고 있다. _옮긴이

새로운 계급으로서 정치 관리자들의 존재를 지칭하는 것이었다. 스탈린과 마오, 이후 캄보디아의 크메르 루즈와 같은 이들은 민중의 코민 또는 콜호스Kolkhozes(집단농장)를 통해 지상 천국과 같은 사회적 형태를 인류에게, 인류를 위해, 인류의 곁에서 실현했다고 주장했지만, 공산주의 또는 사회주의를 표방한 이러한 체계들은 복잡하게 연결된 다양한 문제들로 인해 스스로를 개혁하는 데 결국 실패했다.[3] 그렇다고 해서 자본주의의 지배적 경제 형태만큼 효율적인 경제 형태들을 발견할 수 없는 것은 아니며, 지금 우리가 사는 나라들에서 이루어지고 있는 민주적인 정부 형태보다 더 나은 것을 찾을 수 없다는 전제도 성립될 수는 없다. 우리는 2장에서 이러한 개념들을 다시 살펴보려 한다. 소련과 동유럽의 이른바 지도층들은 이전 질서에서 유래하는 것보다 자신들의 상위 계급적 지위를 유지하는 데 유리한 길을 찾고 있었으며, 이는 이들 나라에서 일어난 자본주의 혁명으로 이어졌다. 따라서 이는 위로부터 이루어진 것이었다. 현실 사회주의의 지도층이 자신들을 위해 1980년대 서유럽과 미국에서 나타난 신자유주의적 자본주의를 선택했음은 명백하다. 중국은 고유한 경로를 추구했는데, 명백히 사회주의는 아니었다.

1919년의 주요한 분열 이후, 경쟁적이었지만 동맹 관계였던 '개혁주의'가 보여주는 동역학과 제3인터내셔널의 공산주의적 경로가

---

3    M. Lewin, 《Le Siécle soviétique》, Fayard/Le monde diplomatique, Paris, 2003.

서로 만날 수 없다는 사실이 명확해졌다. 자본주의를 유지하면서 그것을 수정한다는 의지를 암시하는 '개혁주의'보다는 단계적 지양을 지향하는 프로그램에 대한 지지를 의미하는 '점진주의'라는 용어가 더 바람직할 것이다. 두 차례의 세계대전과 1929년 대공황의 충격은 점진주의가 도약할 수 있는 기반을 제공했다. 제2차 세계대전 이후 각 사회적 형세에 적합한 조건들 속에서 타협이 이루어졌다. 미국과 유럽에서는 새로운 길이 열렸는데, 주요한 특징 중 하나는 사회의 진보였다. 더 나은 생활 수준, 사회 보장, 교육에 대한 접근권, 문화적 진보 등이 그것이다. 우리는 이러한 길을 '사회−민주주의'라고 부르지만, 프랑스에서 오늘날 이 용어는 전후 진보주의적 경향과 대립하는 프랑수아 올랑드 정부의 정책을 의미하는 것으로 변질되었다. 여기에는 새로운 젊은 세대들의 유토피아적 열정이 빛났던 1968년의 폭발적 사건들도 포함된다. 이는 내게 생생한 기억으로 남아 있기도 하다.

혁명적 변혁의 프로젝트가 의미하는 거대한 희망의 패배로는 부족한 듯, 점진적이고 온건한 진보의 경로조차 1980년대 초반 폐쇄되어 버렸다. 영국과 미국 우파 세력의 압력 속에서 때때로 '신자유주의 혁명'(사실 그것은 반혁명이다)이라고 불리는 일이 일어났다. 1970년대 일어난 성장 둔화와 인플레이션은 신자유주의로의 전환에 유리한 상황을 만들어냈다. 특권을 회복하려는 정치적 세력이 행동에 들어갔고, 좌파 세력은 1980년대 초 연속적 파업에도 불구하고 그것에 대처할 수가 없었다. 이 복권으로 마가렛 대처와 로널드 레이건은 영웅이 되었다. 프랑스에서는 1983년 사회주의자들에 의해 시작된 긴축 정책으로의 점진적 전환 속에서 정권 교체의 동역학이 시작되었으며, 유럽은 좌파 세력에 의해 실행된 '제3의 길'이라는 코미디의 시대를 보내게 되었다. 이러한 과정에서 신자유주의적 세계화와 자본주의적 시장 이데올로기가 '현대성'이라는 이름으로 지배적이 되었고, 공산당의 지지율은 폭락했으며, 극우파가 부상했다.

이미 30년이나 지났다. 지금 벌어지고 있는 위기를 통해 이제까지 이루어졌던 신자유주의적 경향을 문제 삼는 것이 당연하겠지만, 아직 그 정도는 미약하기만 하다. 오히려 사회 진보의 역사 속에서 우파들은 자신들의 선전에 유리한 재료를 발견하기도 했다. 좌파의 점진적인 비약은 좌파들의 고유한 무능력으로 인해 사회적 난맥상과 혼돈으로 이어질 수 있다는 것이었다. 양차 대전 사이 신자유주의의 주요 이론가인 하이에크Hayek는 사회-민주주의(이를 이 시대에 제기된 용어의 의미로서 이해하는 것이 중요하다)에서 나치즘과 결합한 전체주의 및 공산주의로 표방되는 세계를 보았다.

우파는 위기에도 거의 동요하지 않고 자신만만한 태도를 유지하고 있지만, 신자유주의 세력이 여전히 우리 사회를 묶어주는 연대성의 네트워크까지 해체시키지 못하고 있다는 점을 인식할 필요가 있다. 하지만 우파 세력은 민중 계급을 짓누르는 세계화의 압력 속에서 이익을 얻고 있다. 2000년대 초 독일에서 전개되었던 반노동적 개혁이 특권을 회복하기 위한 가장 최근의 에피소드 중의 하나였다. 최근 유럽 우파는 그리스, 이탈리아, 스페인 등에 부과된 충격 요법에서 새로운 길을 찾고 있다. 그 밖의 나라들에서는 경제 재건의 효과가 있을지 확신할 수 없는 상황들이 전개되고 있다.

하지만 상위 계급은 이러한 과정에서 자만하기에 이르렀고, 위기로 표현되는 신자유주의 전략의 모순을 그리 심각하게 고려하고 있는 것 같지 않다. 하지만 그러한 모순들을 무시할 수는 없으며, 우리는 이 책에서 '신자유주의적 과정'을 가로막는 상당한 장애물이 존재한다고 주장하려 한다. 이는 설사 상위 계급의 반동적 역량을 알지 못한다고 하더라도, 결국 그 모순들 덕분에 지금 나타나는 동역학적 과정이 급변할 가능성도 있다는 것을 의미한다. 하지만 세계는 구대륙만으로 이루어져 있지 않으며, 새로운 위계 관계가 세계적 수준에서 보이고 있고, 새로운 여정이 나타나고 있다.

항상적으로 발생하는 진화 과정으로 인해 과거의 순수하고 단순한 재생산이 불가능하다는 점을 알고 있지만, 이러한 전환 과정의 어느 측면에서 오도된 역사를 바로잡을 가능성이 있을까? 혁명적 프로그램이 과거에 저질러진 '오류들'에도 불구하고 되살아날 수 있는가? 점진주의적 길로 가야만 하는가? 그렇지 않으면 타락의 길로 접어들 위험을 피할 수 있는가? 우리는 정치적인 것, 즉 계급 구조 및 계급 투쟁의 장이라는 더 야심찬 탐구를 수행할 수밖에 없었다. 좌파의 성공과 실패, 또는 우파의 힘과 취약성을 파악하고 있는가? 마르크스주의적 분석 틀이 이러한 문제들을 다루는 데 아주 중요한 위치를 차지하고 있지만, 그것이 가진 특정한 한계들도 중요하다. 그것은 동시에 본질적 취약성에 시달려왔고, 원래 목표로 삼고 있던 것으로부터 일탈하기도 했으며, 어느 정도 선에서 그 스스로를 개조하기도 했다.

이 책의 1부에서는 자본주의 생산 양식의 역사 동역학을 해석하는 이론적 틀에 대해 이야기할 것이다. 그것은 계급 구조의 갱신(특히 새로운 관리자 계급의 등장), 계급 투쟁의 형태와 역할, 그로부터 유래하는 좌파 및 우파 개념이 가지는 의미, 가장 최근의 신자유주의적 자본주의까지 이어져 온 연속적인 국면들을 살펴보는 것이다. 이러한 분석은 우리 사회가 '거대한 분기'에 직면해 있음을 확인시켜 줄 것이다. 신자유주의적 자본주의 이후에는 어떤 인간 사회 역사의 새 국면이 나타날까? 일부의 상위 계급이 여전히 지배할 것인가 아니면 해방과 진보의 새로운 경로가 형성될 것인가? 그러한 지형으로부터 무엇이 개방될 것인가?

2부와 3부에서는 이러한 동역학을 지배하는 더 기술적인, 즉 원칙적으로는 경제적 요소들을 파고든다. 이는 과거(사회와 경제의 또 다른 상태, 또 다른 위기들)를 좀 더 깊이 이해하고, 주요한 현실적인 역사적 정세(위기, 모순, 세력 관계)를 해석하는 것과 관련이 있다.

마지막으로 4부는 유럽과 미국 사회의 미래와 관련된 질문에 답하기 위한 역사적 문제들 및 분석 틀에 대한 연구다. 전조가 나타나고 있는 신자유주의 이후의 세계를 우리는 어떻게 상상할 수 있는가? 상대적으로 단기적인 그리고 그보다 더 장기적 관점에서 대서양 양쪽에서 나타난 대안적 경로의 가능성을 어떻게 평가할 것인가? 예측적인 것과 규범적인 것 사이의 변증법을 통해, 우리가 위기로부터 탈출하고 사회 진보의 경로를 재개방할 상상 가능한 전략들을 암시하는 것으로 이 책을 끝맺는다. 그것은 유럽에서 나타날 수 있는 일종의 새로운 좌파적 계급 타협을 의미한다.

# 1부

역사 동역학

# 자본주의가 역사의 끝인가?

1장에서 우리는 자본주의적 생산의 변화 과정을, 특히 계급 구조를 변화시키고 영속화하는 경향들을 주목해 다루려 한다.

우선 우리는 이 첫 장의 제목인 '자본주의가 역사의 끝인가'라는 질문에 대해 '그렇지 않다'고 이야기한다. 자본주의는 역사의 종말이 아니라 여러 단계 중 하나이며, 신자유주의적 자본주의는 자본주의의 국면들 중 하나일 뿐이다. 이러한 테제를 제시하는 것이 사회주의 혁명의 분명한 실패를 회피하려는 것처럼 보일 수도 있으나 그렇지 않다. 그런 식의 사회주의적 경로는 스스로 좌초하고 말았지만, 그렇다고 해서 자본주의적 관계의 불가피한 역사적 지속성이 증명되는 것도 아니다. 자본주의 관계가 가진 고유한 폭력과 그 모순은 자본주의적 관계의 존재 자체를 지속적으로 위협하고 있다.

## 사회화, 자본주의적 소유

불완전하기는 하지만, 마르크스의 생산력과 생산관계의 상호 작용을 강조하는 생산 양식의 계기에 대한 이론적 분석 틀을 무시하기 어렵다. 이러한 생산력과 생산관계의 거대한 동역학이 갖는 각 생산 양식의 연속성이 가장 중요한 분석 지점 중 하나다. [4] 따라서 자본주의도 끊임없는 진화를 목표로 하는 사회적 관계들의 체계이다. 우리는 마르크스의 작업을 통해 노동 또는 더 엄격한 방식으로 말하자면, 생산의 '사회화'로 전개되는 역사적 과정이 존재한다고 주장할 직관을 얻을 수 있다. 생산이 '사회'적인 문제가 되었으며, 이는 다시 말해 '사회'를 통해 이루어지게 되었다는 의미다. 개인이나 특정한 개인들의 고립된 집단들을 통해 생산이 이루어지는 것이 아니라 다수 행위자들 사이의 관계의 총체로써 생산이 규정되는 것이다.

이러한 생산의 사회화는 세 가지 측면에서 나타난다. 첫째, 자본 양이 확대됨에 따라 더 많은 노동자가 결합하게 되는, 곧 더 증대된 수단의 결합으로 생산이 이루어진다. 우리가 이미 본 바와 같이 생

---

[4] 이 장과 이후의 장들에서 자크 비데와 제라르 뒤메닐이 '네오 마르크스주의'라고 부른 것들의 요점이 서술되고 있다. J. Bidet et G. Duménil, 《Altermarxisme: Un autre marxisme pour un autre monde》, PUF, Paris, 2007. (《대안 마르크스주의》, 김덕민 옮김, 그린비, 2014.) 여기서 보여주고 있는 해석은 저자들의 해석으로, 특히 G. Duménil et D. Lévy, 《Au-delà du capitalisme?》 PUF, Paris, 1998을 보라.

산 수단에 대한 사적 소유의 특성이 체현된 제도들의 전환, 즉 이사회와 주주 총회를 통해 운영되는 주식회사로의 전환을 통해 이러한 팽창이 가능하게 되었다. 두 번째로 사회적 분업을 통해 기업들 사이 또는 각 기업 내부에서 항상 더 확장된 상호 의존적 네트워크가 만들어진다. 그것은 한 나라 또는 국가들 사이의 더 광범위한 지리적 공간을 포괄하기도 한다. 세 번째로 기업들의 소유권은 하나의 유기적 체계를 이루고 있다. 기업들은 "소유권 네트워크" 속에서 상호적으로 지배되며, 사적 소유가 전략적 지위를 점하고 있는 네트워크 속에서 금융 기업들이 중요한 역할을 하게 된다. 상위 관리자들은 이사회와 같은 "관리의 네트워크"라는 또 다른 구조 속에서 서로 조우하고 있다.

사회화 과정의 진전으로 인해 생산 수단의 사적 소유는 점점 증대하는 모순과 맞닥뜨리게 되었다. 19세기 후반과 20세기 초반 미국에서 일어난 세 가지 혁명은 소유권이 체현되어 있는 제도들의 전환을 목표로 한 것이었다. 더 정확하게 말하자면, 1900년대 전후로 대부분의 대기업이 "기업 혁명"이라는 계기를 마주하게 되었고, 이로 인해 자본주의적 소유권은 주식회사와 같은 더욱 집단적인 형태로 변모된 것이다. 모건이나 록펠러 같은 사람들이 만들었고 "금융 혁명"이라 불릴 수 있는 거대 은행의 형성이 이러한 기업 혁명과 서로 맞물리게 되었다. 이 새로운 형태의 은행들은 지배 또는 협력 관계 안에서 거대 기업들의 자금 조달 중개인 역할을 했다. 대기업의

거대한 분기 ●

소유권은 순수한 의미의 조직자들로 이뤄진 협력자들(그들은 단순한 하수인 또는 집행자가 아니라 공동의 책임을 지는 사람들이었다)에 포위되었다. 이것이 "관리 혁명", 즉 경영 혁신이라고 알려진 세 번째 혁명이다.[5] 자본가들의 업무는 관리자들에게 위임되었다. 즉 관리자들은 이중적 관계 속에 있는데, 그 의미는 우선 한편으로 자신들의 기능을 위임한 자본주의적 소유자들과 협력하게 되었다는 점이며, 두 번째로는 생산 노동자와 마찬가지로 위계상 낮은 지위의 직원들을 관리하는 것이었다. 우리 분석의 핵심을 차지하는 이 세 가지 혁명은 이후 수십 년 동안 큰 영향을 끼쳤다. 이와 유사한 변화들이 특정한 시기와 방식으로 유럽에서도 나타났다.[6]

## 정부 개입과 정부 기관

앞에서 살펴본 사회 과정에 네 번째 요소를 덧붙일 필요가 있다. 경

---

5   J. Burnham, 《The Managerial Revolution: What is Happening in the World》, John Day Co., New York, 1941; A. D. Chandler, 《The Visible Hand: The Managerial Revolution in American Business》, Harvard University Press, Cambridge et Londres, 1977.

6   루돌프 힐퍼딩의 작업이 이를 증명한다. R. Hilferding, 《Le Capital financier: Étude sur le développement récente du capitalisme, Minuit》, Paris, 1970[1910]. (《금융자본론》, 김수행, 김진엽 옮김, 비르투, 2011.) 알프레드 챈들러는 영국의 경제적 지체에 관한 흥미로운 해석을 제기한다. 소유와 관리 영역에서 나타난 변혁의 지체 때문이었다. A. D. Chandler, 《Scale and Scope: The Dynamics of Industrial Capitalism》, Harvard University Press, Cambridge, Londres, 1990.

제적 메커니즘은 중앙적 통제와 조정을 필요로 한다. 국가적 수준의 주체인 정부, 정부 부처, 중앙은행이 존재한다. 거기에 유럽연합, IMF, WTO와 같은 국제기구들을 더할 수 있으며, 이러한 기구들은 자본주의적 생산관계에서 필수적이다.

이러한 중앙 집중적 개입은 특히 거시 경제, 산업, 교육, 교통 등과 같은 경제 정책을 포함하며 이러한 정책 중 특히 거시 경제 정책은 거시 경제의 일반적 활동 수준을 통제하는 경향이 있어 특별한 의미를 지닌다. 일반적으로 경제는 수축과 팽창 운동이 지속되는 연속적인 경기 순환 과정 속에 있다. 이러한 경기 순환 과정은 불규칙한 주기로 나타나며, 따라서 생산은 갑작스런 과열이나 경기 후퇴로 접어들 수 있다. 그 영향으로 실업과 같은 심각한 현상들이 나타난다. 이와 같은 생산의 불안정성은 사회화의 진전과 관련이 있는데, 예를 들어 한 기업이 하청 업체의 주문을 줄이거나 노동자의 급여를 줄이면, 다른 기업도 주문이 줄어들 것이다. 이러한 운동은 화폐·신용 메커니즘을 통해 확대될 수 있다. 사회화 과정이 진전됨에 따라 경제의 불안정성도 증대하며, 동시에 그러한 불안정성은 중앙의 개입이나 진보된 조정 형태를 통해 해결되기도 한다.[7]

---

**7** 이러한 불안정성 경향에 대한 반작용의 역사는 길다. 19세기 주요 민간 은행들의 조직된 행위로부터(미국에서는 연방 준비 제도의 창설이 1913년에 이루어졌다) 현재의 세련된 거시 경제 정책까지 포괄된다. 1929년에 절정에 달한 반복적 위기들과 격렬한 상황들이 확실히 제2차 세계대전 이후 중앙 당국 개입의 길을 열어놓

경제적 영역 이외에 공적 기관들 내에 있는 일부 조직적 형태는 굉장히 오래된 것이기는 하지만 1세기 전부터 강력한 영향력을 끼치기 시작했다. 대중교통, 교육, 의료, 연구 기관과 같은 큰 공공 기관들은 광범위한 조정 체계가 요구되는 사회적 차원에서 작동되었으며, 이는 사회화 과정의 새로운 표현이라 할 수 있다. 사회적 차원에서 나타나는 인구의 고령화로 인해 비경제 활동 계층에 투입되는 비용이 증가했는데, 의료 관련 지출의 상대적 증가 또한 바로 그러한 재분배 형태를 내포하고 있다. 민간 기관도 이러한 기능을 수행할 수는 있다. 20세기 전반에 걸쳐 벌어진 이러한 연대기적 사건들은 자본주의적 소유권의 혁신이 벌어졌던 시기와 약간 차이가 있다. 이러한 전환들은 20세기 중반부터 시작됐다. 미국의 경우, 1929년도의 공공 부문 지출은 GDP의 9.5%였으나 1951년도에는 26%로 증가했다.

## 자본주의를 조직하는 사회 계급인 관리직

사회화를 '조직화'와 분리할 수 없다는 의미에서 우리는 20세기 자본주의가 '조직자본주의'였다고 말할 수 있다. 이 표현은 일반적으로

---

게 되었다. 전후 몇십 년 동안 이루어진 케인스주의 시대 이후 신자유주의가 중앙집중적 조절과 관련된 시도들에 적대적인 입장을 취했음에도 그 흐름들을 중단시킬 수는 없었다.

'라인형 자본주의'[8]를 말하기 위해 사용되기도 한다. 이는 사회화의 증대로 나타난 기업 관리와 행정 관리 업무 및 정책 실행들을 말하며, 이러한 행위들은 특정한 행위자들에 의해 수행되어야 했다. 관리직들이 그러한 행위자들일 텐데, 그들은 소유자와 노동자들 사이에서 중간적 위치를 점하고 있다. 또한 그들은 민간 부문과 공공 부문에서 기업을 관리하는데, 이는 이미 어떤 개인의 능력 범위를 넘어서는 것이었다. 중앙적 심급으로 올라가면 공적 부문 관리자들은 항상 어떤 자율적 행위들을 '조직'하고, 심지어 '조정'하기도 한다.

우리가 보기에 관리직은 단순한 사회적 범주를 넘어서는 넓은 의미의 '사회 계급'이다. 그들을 계급으로서 구체적으로 정의하기 위해서는 개념에 대한 사전적 합의가 필요하다. 우리는 마르크스의 이론으로부터 영향을 받고 있기는 하지만 일정한 수정이 필요하다고 보는데, [상자 1.1]에서 볼 수 있듯이 마르크스는 자신의 계급 개념을 인간 사회 역사의 일반 이론 속에서 풀어내고 있다. 체계적인 설명이 이루어진 적은 없어도 그 특징만은 엄격하게 확립되어 있다.[9] 물론 관리직에 대해 말하고자 하면, 해야 할 일이 많이 남아 있다. 마르크스는 상위 임금 소득자들로의 관리의 위임에 대해서는 잘 인식하고 있었지만, 그렇다고 해서 그러한 사회적 범주에 대해 설명했던

---

**8** 이러한 용어는 M. Albert, 《*Capitalisme contre capitalisme*》, Le Seuil, Paris, 1991을 통해 대중화되었다.

**9** G. Duménil, M. Löwy et E. Renault, 《*Lire Marx*》, PUF, Paris, 2009, 제3부 1장.

## 마르크스주의적 계급·역사 이론 및
## 기업 내 관리자 계급의 지위 분석

1) 마르크스주의적 역사 및 계급 이론은 특정 사회 집단이 다른 사회 집단에 의해 생산된 노동 생산물의 일부('잉여 노동'의 생산물)를 영유하는 '착취' 개념을 중심으로 하고 있다.

2) 이러한 잉여의 추출 방식은 시기마다 변화하는데, 중세 사회에서의 **부역**이 자본주의에서는 **잉여 가치**가 된다. 역사의 시기를 그러한 사회 형세의 연속으로 구분할 수 있다.

3) 역사는 생산력(기술-조직적인 생산 역량)과 생산관계(사회 집단이 형성되고 생산물의 생산과 분배가 쟁점이 되는 관계) 사이의 상호 작용, 즉 생산을 중심으로 한 동역학에 의해 움직인다. 역사 속에서 사회적 형세가 '생산 양식'으로 규정된다.

이 다양한 요소가 '체계를 형성한다'. 이는 그러한 요소들이 서로 관련되어 정의된다는 것을 의미한다. 우리는 이러한 이론 속에서 '계급'이 막연한 의미의 지배, 위계 관계 또는 착취 형태(더 광범위하고 아주 많은 메커니즘 속에서 발생하는)에 준거하는 것이 아니라 잉여 노동 추출의 역사적 양태와 관련해 이해되는 점에 주목하고 있다.

자본주의 내에서 계급들이 생산 수단과 맺는 관계를 통해 별개의 계급들을 정의할 수 있다. 자본가들은 생산 수단(건물, 기계)의 **소유자**이며, 이러한 소유자의 자격을 통해 잉여 가치의 형태로 잉여 노동을 추출할 수가 있다. 노동자는 생산 수단과 **분리**되어 있으며 '노동력의 가격'인 임금을 받는다. 기업의 관리자들은 생산 수단에 대한 관리인들Gestionnaires이다. 이는 그들이 생산의 실행 과정에서 노동자들을 지도하고 생산 수단의 활용과 관련된 결정을 하게 된다는 것을 의미한다. 생산 수단과의 이러한 특정한 관계로부터 잉여 노동의 일부로부터 발생하는 수입 경로(주로 임금 형태를 취하고 있다)가 정의된다. 임금 소득자들 사이의 위계 관계(관리자들과의 권위, 주도권 관계)는 생산관계 내에서 서로 구분되는 지위들을 기초로 해 구성된다. 그들이 형식적으로 동일한 수입 경로를 가진다는 것은(임금) 그 안에 숨은 이질성을 은폐한다. 우리가 앞으로 살펴볼 것과 같이 관리자들이 얻게 되는 수입의 수준뿐만 아니라 역사적 경향(관리자들의 임금은 그 자체의 변동 추이를 가진다) 또한 중요하다. 이러한 해석은 마르크스주의적 자본주의 계급 이론을 확장하고, 생산 수단과의 관계 중심성 및 어떤 시대의 특징으로서 잉여 노동에 대한 접근 경로를 확인한다는 마르크스주의 계급 이론의 근본적 원칙을 유지하고 있다.

적은 없다. 하지만 우리는 마르크스가 만들어 놓은 원칙들을 확장하면서 현대 자본주의 내의 기업 관리직의 지위 또한 용이하게 평가할 수 있을 것이다.

하지만 자본주의적 생산이라는 엄격한 기준에 적용되지 않는 또 다른 사회적 위계 관계의 본질 또한 연구할 필요가 있다. 우리는 여기서 오직 한 측면, 즉 **공공 행정 관리직의 지위**에 대해서만 집중할 것이다. 이러한 집단은 기업의 관리직과 동일한 사회 계급에 속하는가? 만약 그렇다고 대답한다면 마르크스적 의미의 계급 개념이 불가피하게 확대되어야 한다. 기존의 연구 영역이 이러한 것들을 설명하기에는 협소하다. 우리의 민간 및 공적 차원에서 일어나는 사회화라는 문제 설정(관리직에 의해 수행되는 조직화의 진전)을 통해 행정 관리 및 기업의 관리직을 동일한 계급의 두 가지 분파로 고려할 수 있을 것이다. 사회학적 지평에서 보면, 이러한 관점에서 학연, 경력, 문화, 생활 방식 등의 수많은 공통적 특징들을 언급할 수 있을 테지만, 예를 들어 정치적인 지평에서 보자면 두 관리직이 갖는 이질적인 특별한 잠재적 특징을 언급할 수 있을 것이다.

## 조직자본주의의 삼중 계급 구조

마르크스의 계급 구조 분석을 갱신하는 게 관리직에 대한 고려에만 달려 있지는 않다. 우선 관리직을 보좌하는 직원들이 있다. 관리직 및 직원들은 생산 노동자와 자본가들 사이에 존재하는 양극적 관계를 통해 '중간 계급'이라 규정될 수 있는 지위들을 점하고 있다. 하지만 소득의 양극화로 배가된 권한과 결정권의 집중 과정을 통해 직원들과 그 상급자들 사이의 경계가 확정된다. 우리는 프랑스와 같은 나라에서는 '관리직'이 특히 퇴직 제도(연금)와 관련된 제도적 규정 요소와 상당히 연관되어 있다는 점에 주의해야 한다. 또 다른 한편에서 수입과 관련된 더 밀접한 정의를 (특히 프랑스 및 그 밖의 다른 나라들에서) 제시할 수 있다. 우리는 임노동 위계 관계의 최정점에 있는 소수 인원이라는 의미로서 그러한 위계 관계 아래에서도 앞서 언급한 바와 같이 더욱 한정된 의미에서의 관리자 계급을 다룰 것이다.

많은 수의 "관리직들"이 오히려 직원들 중 상위 분파로서 자리를 차지하고 있다.

생산 노동자와 직원 범주 사이의 어떤 수렴이 점진적 방식으로 나타나고 있다는 점 또한 관찰할 수 있다. 민간 및 공공 부문 관리자들의 관계처럼 명확한 차이가 있기도 하지만, 공통적인 부분 또한 존재한다고 할 수 있다. "민중 계급"이라는 공통 범주로 직원과 생산 노동자를 통합해 단순화하는 것이 편리할 것이다.

결국 19세기 후반부터 나타난 사회 변화의 주요 양상을 설명해주는 삼중 계급 구조는 자본가, 관리직, 그리고 노동자와 직원으로 이루어진 민중 계급으로 정리될 수 있다.

계급 구조의 일반적 특성인 잡종 형성이라는 관점에서 이러한 분류법을 정리할 수 있다 [상자 1.2]. 다음과 같은 세 가지 측면에서 잡종이 형성되는 과정을 정리할 수 있다. ① 작은 규모의 생산 수단 사적 소유 (수공업자, 상인, 소농민), ② 관리직 및 민중 계급 사이의 경계, ③ 고임금을 받는 기업의 "경영자"라고 부를 수 있는 서열의 가장 윗부분에 위치한 관리직과 경영직에 종사하는 자본가 사이의 경계가 그것이다. 각 계급들 내부에 있는 하위 범주, 예를 들어 관리직, 행정직, 기술직, 상업 및 금융과 관련된 하위 집단을 분명히 구별할 수 있다. 우리는 관리직의 사회적 위치가 지닌 이중적 양극성, 즉 자본가들과 금융 관리직 사이의 특권적 관계 및 기술직과 직접 생산자 사이의 관계를 볼 수 있다.

## 중간 계급 및 사회적 연속성

사회적 위계 관계가 존재해 왔다는 것으로 계급 개념의 타당성을 반박하는 일이 가장 흔하다. 항상 부자와 빈자, 권력자와 약자가 존재하고, 둘 사이에는 중간적 집단이 존재해 왔다는 것이다. 관리직이라는 사회적 집단의 역사적 성장과 그 사회적 위치 및 지위의 증대로 인해 그러한 '사회적 연속성'이 확보되는 것처럼 보인다.

계급 구조가 기능 양식의 동역학 및 양극성을 정의한다는 것을 이해할 필요가 있다. 19세기에는 '프롤레타리아'라는 용어를 통해 노동력을 판매하지 않으면 살 수 없는 대다수의 사람들을 효율적으로 단순화할 수 있었다. 하지만 소농 또는 장인, 그리고 소유자들 및 노동자들의 다양한 분파들은 중간 계급적 성격을 보유하고 있다. 만약 이중적 구조를 전제하는 정의를 상정하는 잡종 형성이라는 개념을 도입하지 않는다면 이러한 계급들에 적합한 이론적 성격화는 불가능할 것이다. 마르크스가 내세운 것은 '진실 혹은 거짓' 유형의 분류 기준이 아니라 이러한 양극화를 지배하고 있는 사회적 진화 과정의 분석이었다. 이는 경제, 정치, 이데올로기, 문화적 문제들과 연관되어 있다. 계급 구조의 복잡화(삼중적 구조)에도 불구하고 그것은 현실 자본주의 내에서도 항상 동일하다. 이를 식별하는 것이 현대 세계를 명료하게 이해할 수 있는 열쇠다. 예를 들어 우리가 1990년대 중반에 작업한 신자유주의의 계급적 해석을 참고해볼 수 있다. [10]

---

10 G. Duménil et D. Lévy, "Coût et avantages du néolibéralisme. Une analyse de classe", communication préparée pour le congrès Marx International Ⅱ organisé par Actuel Marx, Paris, 1998. www.jourdan.ens.fr/~levy.htm ; G. Duménil et D. Lévy, 《*Capital Resurgent: Roots of the Neoliberal Revolution*》, Harvard University Press, Cambridge, 2004.

## 자본주의 금융

대자본가와 소규모 또는 중간 규모의 소유자 대다수의 공존을 표현하는 자본가 계급 내에도 상당한 이질성이 존재한다. '자본가 계급'이라는 단일한 표현은 이러한 차이로 인해 문제가 생길 것이기에 '자본가 계급들'이라는 복수적 표현을 사용하는 것이 더 바람직하다. 게다가 금융 기관 내에서 이루어지는 기업 소유권 네트워크와 주식회사 체계 내의 상당히 진전된 사회화로부터 비롯되는 두 번째 난관이 존재한다. 자본가 계급들의 상위 분파들이 누리는 특권은 금융 기관의 힘과 그 활동에 의해 보장된다. '금융 기관'은 넓은 의미에서 보자면 은행, 헤지 펀드, 뮤추얼 펀드, 연기금, 자산 관리 부문, 보험 회사 등등에서부터 중앙은행이나 IMF까지 포함한다. 마르크스는 19세기부터 이미 은행 시스템에서 소유자와 대금업자 자본을 관리하는 '관리인Administrateur'의 출현을 예상했다. 오늘날 자본주의에서 금융 기관의 기능은 더욱 커졌다. 그러한 금융 기관들의 형상을 더 확실히 이해하기 위해 우리는 '금융'이라는 개념을 명확하게 규정할 필요가 있다. 즉 '금융'은 자본가 계급들 중 상위 분파와 '그들'이 가진 금융 기관으로 규정될 수 있다. 오늘날의 자본주의에서 금융은 자본가 계급의 우위를 실행하는 매개이며 핵심적 당사자다. 위에서 볼 수 있듯이 금융은 금융 부문으로만 제한되는 것이 아니다. 우리가 상관적으로 '자본화 혹은 금융화', '금융 채널'을 이야기할 때 그것은 금융 부문의 발전과 그에 상응하는 활동에 대한 것이다.

조직자로서 관리자 계급이 행사하는 자율적인 잠재적 행위와 소유자들로부터 나오는 규율을 통해 위계 관계 상층부에 위치한 두 계급들 사이의 관계 속에서 협조적인 동시에 대립적인 관계가 규정된다. 이러한 실천들은 끊임없이 문제가 되어 왔고, 또한 여러 국면에서 다른 모습으로 나타나는 세력 관계에 영향을 받아 왔다. 관리자 계급이 주체적 역할을 맡는 기업 경영 및 경제 정책들의 방향과 정의가 존재하는 가운데 자본가들은 그들의 이익을 보장할 수단을 마련해야만 한다. 우리는 또한 자본가 계급들에 의한 금융 기관의 통제가 매우 중요하다는 점을 알고 있는데, 이는 관리자 계급들이 이러한 기관들을 지배할 때 자본가들의 이익에 반하는 쪽으로 이끌려 갈 수도 있기 때문이다. 넓은 의미에서 이야기할 수 있는 모든 정치적 구조들이 바로 이러한 상황에 내포되어 있다.

## 관리자본주의로서 20세기 자본주의, 관리자주의

행정부와 기업 내부에서 전개되는 관리자 계급의 활동 비중 증가로 나타나는 관리자 계급의 증대된 역할은 경제와 사회에 이중적 성격을 부여한다. 이 책에서는 전후 기간의 특징을 설명하기 위해 영어권에서 일반적으로 사용하는 '관리자본주의'라는 용어를 사용하려고 한다. 우리는 여기서 관리자본주의라는 표현에 좀 더 일반적인 의미를 부여한다. 관리자본주의를 설명할 때 경제적 관계가 중심에 있지만 그렇다고 다른 문제들이 존재하지 않는 것은 아니다. 예를 들어 자본가 계급들만이 삶의 양식과 사고방식을 규정하는 것이 아니라 관리자 계급 또한 그에 관여하고 있다는 것이다.

이러한 탐구를 계속해 나가면 자본 소유자들의 의존적 특성이 더욱 명확해진다는 것을 알 수 있다. 예를 들어 사회화 과정은 자본주의의 낡은 구조들을 변경시켜 나간다. 특권 일반이 제거되는 것이 아니라 자본가들의 특권만 제거된 사회가 이러한 사회화 과정을 통해 수립될 수도 있을 것이다. 우리는 그 사회들을 '관리자주의' 또는 '관리주의'의 의미를 빌려 '관리자적' 사회나 '관리직' 사회로 지칭한다. 현대의 자본주의는 '관리주의'와 '자본주의'의 두 특성을 띤다.

이 관리주의적 가정은 관리자본주의 사회의 이중적 본질이 과도기의 또 다른 표현이라는 점을 암시하고 있다. 자본주의적이지만 다소 관리주의적 성격을 띠는 사회다. 관리자본주의는 '자본-관리주의Capito-Cadrisme'의 용어에 의해 일반적으로 지칭된다. 소유자들이 이러한 형태의 잡종 형성을 상당히 두려워하게 되었고, 이는 책의 제목으로도 유명한 '소유 없는 권력'[11]이 자신들에게 가져올 영향력을 두려워했다는 것을 의미한다. 우리가 다음에 살펴볼 것처럼 신자유주의를 자본가 계급의 이익에 부합하는 특정한 방향으로 그 잡종 형

---

11 A. Berle, 《*Power without Property*》, Harcourt, Brace, New York, 1960.

성의 방향을 바꾸기 위한 시도라고 볼 필요가 있다.

자본주의에서 관리주의로의 이행에서 나타나는 많은 특징들은 봉건 제도에서 자본주의로의 과도기를 연상시킨다[상자 1.3]. 자본주의에서 관리주의로의 생성이라는 테제는 우리가 이 장에서 제기한 질문에 대해 가장 직접적인 대답을 제시하는 것이다. 자본주의적

■ 상자 1.3

## 봉건제에서 자본주의로의 이행

자본주의적 특징들은 봉건 사회 내부에서 수 세기에 걸쳐 수립되었다. 이러한 특징들은 일찍이 장인과 상인들이 자신들의 활동을 체계화하기 시작한 중세 시대부터 잉태되었다. 점진적으로 그리고 지리적 공간에 따라 상당한 차이를 갖는 귀족 가계들은 부르주아의 편을 들어 종종 멀리 떨어진 상업 기업들에 가담했다. 부르주아들은 작위를 받고 직접 토지를 소유하기도 했다. 봉건 사회가 조금씩 앙시앵 레짐에 자리를 내주었고, 그 사회에서도 귀족들에게 부여된 특권이 유지되었지만(1789년에는 그것들이 폐지되었다), 그들은 부르주아의 후원을 통해 유지되고 있었던 것이다. 새로운 계급의 영향력은 우파와 좌파를 넘나들면서 민중 계급의 투쟁을 활용했다. 이와 같이 두 개의 계급 각각의 특징들에 기초한 이중적 사회가 드러나고 있었다. 이러한 모호한 경계로부터 귀족적 부르주아와 부르주아적 귀족이라는 이미지가 나타났다. 이와 유사하게 오늘날 위계 관계 상위에 있는 관리자들이, 자신들의 높은 보수를 바탕으로 그들이 가진 자산의 성장 효과 아래서 자본가 계급과 결합하고 있다(또는 그렇게 되려고 시도하고 있다). 이행 과정 속에서 그 경계가 모호해지고 있는 것이다.

생산 양식은 역사의 종말이 아니며, 사회의 상위 계급이 바로 관리직 계급인 새로운 계급 사회가 등장할 것이다. 어쨌든 역사 동역학을 통해 그러한 관리직 계급이 지배하는 사회의 윤곽이 점점 뚜렷해지고 있으며, 민중 계급이 원하는 방향으로 세계를 변혁하기 위해서는 바로 이러한 사실을 명확히 인식할 필요가 있을 것이다.

# 사회 변화의 동역학에서의 대립과 타협

1장에서는 상대적으로 긴 역사적 동역학에 대해 살펴보았다. 사회화와 조직화의 경향, 계급 구조의 변화, 관리자본주의의 고유한 잡종 형성, 그리고 지속적인 사회화 과정에서 생산 수단의 사적 소유라는 속박으로부터 벗어나는 특징을 보여주는 후기 자본주의 생산 양식과 관련된 문제들이었다. 이번 2장에서는 계급 투쟁, 권력, 동맹, 타협, 승리, 패배 등의 문제에 관한 전망을 살펴볼 것이다. 즉 관리자 계급의 존재 여부가 아닌 관리자 계급의 자율성이나 다른 계급들과의 관계 등에 대해 이야기하겠다.

## 관리자본주의의 세 가지 사회 질서
### : 최초의 금융 헤게모니, 전쟁 후의 타협, 그리고 신자유주의

19세기 후반부터 오늘날의 시대 그리고 지리학적 측면에서의 구대륙을 중심으로 살펴보겠다. 관리자본주의는 세 시기와 **세 가지 사회 질서**로 나눠 볼 수 있다. 그 세 가지 기간과 질서는 각각 **구조적 위기**로 끝이 난다. 우리는 "사회 질서"라는 용어를 계급들과 계급 분파 사이의 타협 및 지배의 변화 과정을 통해 정의되는 권력 형세를 파악하기 위해 사용한다. 그것들은 30년 혹은 40년의 주기를 가진다. 구조적 위기는 주기적으로 나타나는 경기 후퇴와는 구별된다. 구조적 위기는 더욱더 큰 단계에서의 위기이며, 그 위기는 각각 약 10년의 기간 동안 지속된다. 그 기간 동안 경제 활동 축소가 발생한다는 것은 위기의 한 측면만을 이야기할 뿐이다.

관리자본주의는 구조적 위기라는 상황 아래 미국에서 처음 시작되었다. 19세기 말에는 자본 수익성 하락을 배경으로 한, 다시 말해 기업 이윤율의 저하에 의한 '대불황'[12]이 있었다(1929년의 세계 경제 대공황이 있기 전까지는 19세기 후반의 경제 위기를 '대불황'으로 지칭했다). 19세기 말의 대불황은 경쟁의 위기로 불리기도 했는데, 왜냐하

---

[12] 19세기 말에 발생한 위기를 1929년 위기 및 이후의 경제적 불황을 뜻하는 '대공황'과 구별하기 위해 통상적인 용어법에 따라 '대불황'으로 번역했다. _옮긴이

거대한 분기 ●

면 기업들이 경제 위기가 과도한 경쟁에 의한 것이라고 판단했기 때문이다. 실제로, 기업 규모의 증가는 대기업과 중소기업 사이에서 이질적 성장을 수반했고, 그 결과로 중소기업들은 큰 압박을 겪게 되었다. 다른 한편으로 교통 및 통신 네트워크가 확장되었고, 그것은 기업들의 대결의 장을 넓혔다. 그로 인해 대기업들은 그들만을 위한 시장과 이익 분배를 위해 서로 카르텔 및 트러스트를 형성했다.

이러한 맥락에서 삼중의 혁명이 일어날 수 있었고, 이것이 법인 기업, 금융 기관, 관리 부분에서의 혁명의 출현이다. 효율성 분야에서의 이 세 가지 혁명, 특히 관리 혁명의 영향에 주목해야 한다. 이 세 가지 혁명은 고비용 생산 기술의 도입을 동반하지 않고, 즉 다시 말하면 선대 자본 대비 생산물 비율의 변화를 최소화하면서 노동 생산성의 증가를 가속화하는 데 중점을 둔다. 이는 대규모의 기술-조직적인 변환을 통해 구현되었는데, 가장 잘 알려진 형태가 일관 공정 방식을 도입한 테일러주의나 포드주의 같은 것들이었다. 그러한 변화들은 점진적으로 경제의 모든 부문과 측면에 영향을 미쳤다. 수십 년 동안 이루어진 이윤율 하락이 멈췄고, 이윤율 회복을 위해 임금 노동자들이 희생된 것도 아니었다.

정치적 측면에서 19세기 후반과 20세기 초반은 세계적으로 노동자 운동이 절정에 달한 격렬한 계급 투쟁의 기간이었다. 미국에서 양보도 있었지만, 제1차 세계대전 동안 발흥한 애국주의의 영향 아래서 강력한 억압이 이루어지기도 했다. 우선적으로 이루어진 타협은 반독점법으로 보호되는 전통적 중소 자본가들의 부문과 상층 관리직들에 의해 관리되고 거대 은행들로부터 자금을 지원받는 거대 주식회사 부문의 공존에 관한 것이었다. 두 번째 타협이 대부르주아 계급과 관리자들(주주와 대기업의 관리직들) 사이에서 발생했다. 하지만 부르주아들의 이익은 금융 기관에 의해 보호되었으며, 이를 통해 부르주아들은 지배력을 확보할 수 있었다. 이 첫 번째 사회 질서는 다르게 말하면 '첫 번째 금융적 헤게모니', 다시 말해 '금융의 헤게모니'인 것이다.

관리자본주의의 삼중의 혁명이라는 제도적 전환으로 새롭게 만들어진 환경과 기술 변화에 우호적인 경향들이 존재하는 상황에서 1929년 위기가 나타났다는 점은 모순적으로 여겨질 수 있다. 그러한 경제적 위기의 원천은 무엇인가? 우리는 먼저 대기업과 전통 분야 사이의 기술-조직적 격차가 커졌으며, 그로 인해 전통 분야가 취약해졌다는 사실을 확인할 수 있다. 이러한 첫 번째 금융 헤게모니에 종종 '투기적'이라고 묘사되는 일련의 금융 메커니즘(또는 금융 메커니즘 집합)을 추가해야 할 것이다. 주식 시장이 결정적 중요성을 지니는데, 특히 주식 구매와 관련된 신용 시스템이라는 측면을 파악할 필요가 있다. 결국, 산업의 이질성과 금융의 혁신이 가져오는 불확실성을 배경으로 한 사회화의 영향력(사회화가 야기하는 상호 관계와 관련된)이란 거시 경제적 불안정성을 증가시킨다는 것이다. 연방 준비 제도(1913년에 설립된 미국의 중앙은행)의 활동은 과감하지 못했으며 서둘렀다. 1929년 경기 후퇴가 나타났고, 주식 시장은 폭락했으며, GDP의 27%가 하락하며 경제는 급격히 붕괴되었다. 그때 당시 연방 준비 제도의 정책들은 몇 가지를 제외하고 금융의 이해관계와 공명하고 있었는데, 아주 특수한 경우가 아니면 그것은 바로 자유방임적 기조였다. 적절한 부양책이 없었던 관계로 거시 경제 활동성의 축소는 1932년에 일반화된 은행 위기로 악화되었다. 1933년 3월 프랭클린 루즈벨트가 당선되고 나서야 미국 위기의 출구가 마련되는 제2차 세계대전까지 뉴딜의 틀에서 강력한 정책이 실시될 수 있었다. 루즈벨트는 금융에 저항하면서 노동조합에 우호적인 정책을 시행했다. 행정 관리직은 여기서 중심적인 역할을 했다. 뉴딜은 정부 개입을 확고히 하면서 금융적 활동에 대한 광범위한 규제 프로그램을 제시하는 정책의 기원이 되었다.

위기는 유럽에도 상당한 영향을 끼쳤는데, 1932년 독일과 프랑스의 생산은 25%와 15% 감소되었다. 경제 궤도에 대한 효과와 긴축 정책이 결합하면서 엄청난 결과로 이어졌다. 독일 나치즘과 이탈리아 파시즘의 연장 혹은 정반대로 스페인과 프랑스의 인민 전선(반파시즘 공동 전선)을 예로 들 수 있다. 스페인은 프랑코 장군 치하에서 내전 상태로 접어들었다.

위의 이야기들과 새로운 사회 질서의 확립을 혼동해서는 안 된다. 주요 국가들에서 사회적 타협은 양차 대전이 끝난 이후에는 성숙한 형태로 자리 잡을 수 있었다. 그 특정한 차이점들에도 불구하고 상당한 수렴이 나타났다. '금융 억압'이라는 말로 어느 정도 과장되게 표현되는 금융계의 영향력에 대한 명확한 제한과 정부의 증대된 사회적, 경제적 역할이 그 예다. 계급 투쟁이 새로운 권력 형세를 만들어냈다. 1929년 위기를 통해 나타난 사회·정치적 조건 및 노동자 운동의 성장과 사회주의 또는 공산주의를 표방하는 사회의 수립이라는 정세 속에서 계급으로서의 자본가들은 제거되지 않았지만, 그들 특권의 상당 부분을 제한할 수 있었다. 자의적 표현이라고 할수도 있겠지만, 이러한 사건들은 '사회민주주의'라고 정의할 수 있는 민중 계급과 관리직의 동맹으로 규정되는 새로운 계급 타협으로 이어지게 되었다. 관리직과 민중 계급 사이의 동맹이 있었고, 관리직들이 경제·정치적 삶을 주도했다는 두 가지 특징으로 이 시기를 파악할 수 있다.

제2차 세계대전 후의 첫 번째 십 년 간은 그러한 형태의 사회적 타협이 추진되는 데 특별히 우호적인 경제 환경을 보여주고 있다. 1929년 위기의 충격과 제2차 세계대전이라는 더욱더 가공할 만한 충격이 사라지고 난 후 관리자본주의 고유의 제도, 기술 및 조직적 변화들이 내포하던 효율성은 더욱 커지게 되었다. 노동 생산성이 1960년대 중반까지 전례 없이 급속히 증가했다. 구매력과 사회 보장 또한 마찬가지로 증대했고, 자본 수익성도 지속적으로 상승했다.

다른 상황에서도 전후의 타협이 가능했을까? 한 가지만은 확실하다. 전후에 나타난 사회적 질서는 그것에 유리한 상황들이 급격히 반전되자 더 이상 지속되기 힘들었다. 1970년대 초부터 중순까지 노동 생산성의 증가는 정체의 징후를 보였다. 노동 비용은 이전과 같이 계속 증대했으며, 이윤율은 하락하여 1970년대 수준으로 낮아졌다. 경제 활동을 부양하기 위한 케인스주의적 경제 활성화 정책이 일반적으로 실행되는 상황에서 이윤과 임금 사이의 흐름은 인플레이션으로 이어졌고, 금융적 수입의 손실을 초래하기에 이르렀다.

금융은 자신의 권력을 회복하기 위해 경제, 정치, 이데올로기와 같은 모든 전선에서의 투쟁을 멈춘 적이 없다. 제2차 세계대전 전부터 사상가들은 이미 '신자유주의'로 불린 새로운 자유주의의 원리를 서술했었다[상자 2.1]. 전후 관리직과 민중 계급 사이의 타협 붕괴, 그리고 경제 위기의 상황에서 관리직은 현대화, 효율성 그리고 소득 증대의 명분하에 스스로 금융의 유혹에 빠져들었다. 구대륙에서 일어난 기대한 파업들은 그러한 변화에 대한 저항을 상징하지만, 어떠한 것도 금융 권력의 두 번째 헤게모니 수립을 멈추게 할 수 없었다. 그 두 번째 헤게모니는 결국 관리직과 민중 계급 사이의 새로운 타협의 확립이 아닌 신자유주의적 사회 질서를 개시하는 '복원'이었다.

신자유주의 안에서의 두 번째 금융 헤게모니는 자본가와 관리자의 동맹 그리고 금융자본주의의 리더십으로 대표되는 두 가지 근본적인 특징을 지닌다. 그 금융 헤게모니의 성숙된 형식은 미국과 영국에서 나타난다. 이 두 나라에서 두드러진 금융의 지배 양상을 통해 그 특징들이 적나라하게 드러난다. 금융 기관은 상급의 지위에

## 신자유주의 시대 도래 이전의 '신자유주의' 용어 사용

'신자유주의'라는 용어는 제2차 세계대전 직전부터 사용되었는데, 이는 신자유주의적 사회 질서가 확립된 시기를 기준으로 40년 이상 앞선 것이다.[13] 1938년 프랑스 철학자 루이스 루지에르Louis Rougier가 파리에서 개최한 (기자이자 저명한 작가인 미국인 월터 리프먼Walter Lippman의 이름을 딴) 월터 리프먼 토론회와 그 토론회에서 결정된 '더 나은 신자유주의를 위한 국제 연구소'의 설립이 이와 관련된 중요한 사건이라고 할 수 있다. 이 연구소는 프리드리히 하이에크와 빌렘 롭크Wilhem Röpke를 주축으로 1947년에 출범한 몽 펠르랭 소사이어티의 전신으로 여겨지기도 한다. 출범 후 30년 이상의 시간이 흐른 뒤에 몽 펠르랭 소사이어티는 신자유주의적 이데올로기의 진정한 보루 역할을 하게 되었다. 몽 펠르랭 소사이어티가 관심을 가졌던 주요 주제들 중 하나는 나치즘과 사회주의를 표방하는 여러 나라에서 나타난 '전체주의'에 대한 거부였다. 애초에 이는 다양한 성향의 구성원들을 통해 이루어졌는데, 예를 들어 프랑스에서는 파시즘 운동에 참여했거나 반대로 나치의 점령에 저항했던 레지스탕스 출신의 구성원들이 함께하기도 했다. 오늘날의 용어로 신자유주의적 경향으로 일컬어지는 '하이에크주의'적 경향이 우세한 위치에 이르기 전, 하이에크 학파에는 시장 경제에 우호적 입장을 취하는 여러 인물들이 있었다. 그들은 독선적인 계획 경제 그리고 낡은 자유주의로의 무조건적 복귀를 거부했으며, 적절한 정부 개입의 필요성을 주장했다. 이는 자유방임주의가 아니며, 엄격한 규칙들 내에서 자유로운 활동을 보장하는 독일식 '질서자유주의'와 유사한 성격을 띤다.

---

[13]  P. Mirowski et D. Plehwe, 《The Road from Mont Pelerin: The Making of the Neoliberal Thought Collective》, Havard University Press, Cambridge et Londre, 2009.

위치하며, 비금융 기업 관리는 증대된 주식 시장 활동과 주주들에 대한 막대한 분배, 즉 구체적으로 말하자면 금융 수익성과 같은 금융 기관들의 규칙에 순응하게 되었다.[14] 우리가 '시장'이라고 부르는 것은 바로 그 금융 기관들의 활동을 일컫는 것이었다.

신자유주의에서 금융 관리직들은 특수한 힘을 가지게 되었다. 금융 관리직은 자본가 계급과의 동맹에서 주요한 역할을 하며, 소유자를 위해 다른 관리직들의 음모를 감시·감독하는 도구로 작용했다. 기술 관리직과 일반 서비스 관리직은 금융 관리직보다는 영향력이 작다. 공공 부문 관리직의 경우 국가 기관 내부에서 이루어지는 활동을 통해 새로운 사회 질서와 관련을 맺었는데, 이는 간접적이지만 중요한 역할이다. 관리직들의 보수는 신자유주의적인 목적에 얼마나 가까운지에 따라 달라지는데, 금융 관리직이 보수 면에서는 가장 큰 혜택을 받는다.[15] 소유와 상위 관리의 경계에서, 마르크스가 말한 것과 같은 '기능 자본가'가 환생한 것이다. 그들의 고임금은 오직 다른 관리직들과의 관계를 통해, 대주주와 그들의 관계 내의 논리에 따라서만 이해될 수 있다. 게다가 그들은 그러한 고소득을

---

14 관리자들에 대한 소유자의 지배를 묘사하는 경제 이론은 현대 경제학 이론에서 상당히 발전된 영역이다(영어권에서는 주주-관리직을 주인-대리인 관계로 표현한다).

15 O. Godelchot, "Is finance responsible for the rise in wage inequality in France?", <*Socio-Economic Review*>, vol. 10, 2012, pp. 447-470.

이용해 빠른 속도로 자본 소유자의 대열에 합류하고 곧 자본가 일파가 된다.

신자유주의를 통해 성취된 이러한 사회 형태는 미국과 영국의 패권에서 기인하는 영미식 특징을 띠는 것으로 보인다. 그에 비해 유럽 대륙에서 지배적인 사회 질서는 제2차 세계대전 이후 형성된 사회적 타협과 신자유주의의 혼합적 성격을 지니고 있다. 이러한 혼합적 형태는 일본과 한국에서도 나타난다.

## 국가 그리고 민주주의

사회 질서에 대한 문제 설정은 국가에 대한 일반적 이론보다 더 광범위한 정의를 부여하며, 일부의 재구성을 필요로 한다. '제도적인 정치적 중심Centre Politique Institutionnel'으로서 정부 기관들은 각각의 사회 질서 형세에서 중요한 역할을 한다. 마르크스주의는 국가를 지배 계급(자본가 계급)의 권력이 실행되는 제도로 정의하는 제한적인 형태를 띠고 있다. 하지만 우리는 국가를 각각의 사회 질서에 대한 고유한 지배와 동맹이 형성되는 '장소', 그리고 그에 상응하는 규칙과 제도를 강제하는 도구로서 파악하려고 한다. 전후 사회적 타협 내에서, 예를 들어 민중 계급의 국가 권력에 대한 참여를 통해 사회 보장 체계와 그러한 타협에 적합한 성장 정책이 실행될 수 있었다. 그와는 반대로 신자유주의 내에서 자본가 계급과 동맹을 맺은 관리자 계급이 정부를 재탈환했다. 국가는 민간 단위에 유리하도록 스스로에게 특정한 역할을 부여했지만, 그 국가들은 국내·국제적인 신자유주의 정책과 개혁의 주동자였다. 또한 지속적으로 신자유주의로의 변화를 강제하는 역할을 했다.

현재의 사회 구조는 관리자본주의에서 기인하며, 그 구조는 소유자와 관리자로 대표되는 두 상위 계급의 공존이라는 특징을 띤다. 사회화 과정을 분석하면서 우리는 이미 관리와 소유 네트워크의 존재를 암시했다. 자본주의 소유권은 전반적으로 금융의 한 구성 요소인 금융 기관의 네트워크에 의해 지탱된다. 즉 관리 지도부의 구성원들은 이사회 네트워크, 즉 그들 사이의 그리고 소유자들과의 관계를 형성하는 '소유-관리의 인터페이스'의 구성원이 된다. 여기서 우리는 위에서 본 관리와 소유의 상호적 관계가 광범위한 지배 체계를 구성한다는 정치적 관점에 주목하고 있다. 그것은 '제도적인 경제적 중심'이라고 말할 수 있는데, 그 안에서 경제와 관련된 주요 선택지들이 규정된다. 마지막으로 우리는 이러한 제도들이 본래적인 정치 구조를 이중화한다는 점을 주장할 것이다. 어떤 매개들이 제도적인 정치적 중심과 더불어 특정 개인들을 통해 수립된다. 다르게 말하자면 우리는 이러한 두 개의 중심이 결합되는 '양극적' 국가 구조에 대해 말할 수 있다는 것이다.

민주주의를 표방하는 현대 세계의 모든 체제는 민주주의가 의미하는 '민중 권력'과 상당히 거리가 먼 계급적 민주주의다. 사회적 타협의 성격에 따라 민중 계급의 조직들은 다소 실질적이거나 형식적이다. 신자유주의에 있어서 라틴 아메리카 독재자들을 제외한다면, 자본가 계급과 관리자 계급의 동맹은 상위 계급 내부의 민주주의적 실천에 기초를 둔다. 우리는 전후 타협 속에서 나타난 정치 체제가 민중 계급의 국가 권력에 대한 참여 때문에 훨씬 민주주의적이었다고 주장할 수 있다. 특정한 방식에 의한 민중 계급의 참여이므로, 즉 '확장된 민주주의'의 형식이었던 것이다.

그 확장된 민주주의가 신자유주의 체제에서 쇠퇴한 이유는 두 가지로 설명할 수 있다. 첫 번째로는 사회 질서의 성격에 의한 것이다. 프랑스의 사회당PS처럼 전통적으로 좌파 진영에 있는 정당은 점진적으로 자본가 계급과 관리자 계급의 동맹을 내포하는 입장을 취했다. 하지만 그러한 입장을 취하는 데에 있어서 내부적 갈등이 없었던 것만은 아니다. 왜냐하면 그러한 정당 내에도 좌우 진영이 존재하고 있었기 때문이다. 민중 계급은 또 다른 통치 세력을 찾을 수 없기 때문에 투표를 통해 승인하고 만다. 두 번째 이유는 제도적 실천의 문제가 될 것이다. 국가 권력의 증대된 영역은 오늘날 특수화된 기관 내에 집중되어 있는데, 그 기관들은 다분히 의도적으로 선거의 영향력 범위 밖에 있다. 자율성이나 독립성이 보장되며 신자유주의적 규범을 목적으로 두는 중앙은행들을 예로 들 수 있겠다. 유럽 의회 특권들이 일정 정도 증가하고 있긴 하지만, 유럽연합 중앙은행은 돌발적인 정치적 변수나 각국 국민의 요구가 미치지 않는 곳에 위치한다. IMF, WTO 또는 세계은행과 같은 기구들은 새로운 사회 질서를 부과하는 활동을 추구한다. 전통적인 정치 단위가 미치는 영향력 외부로 권력을 위임하는 것은 바로 신자유주의 체제의 수많은 전략들 중 하나라고 할 수 있다. 전후 질서와 같은 아주 특별한 형세를 제외하고는 사회 질서들 내에서 상위 계급, 즉 자본가 계급과 관리직들에 대한 내적 민주주의가 발현될 수 있는 민중 계급의 제도적 개입은 불가능했다.

## 혁명적 동맹의 운명

1장에서 우리는 전후의 사회적 타협의 붕괴와 사회주의 건설 프로젝트의 실패를 비교해 보았다. 서로 다른 맥락임에도 불구하고 계급 동역학엔 중요한 유사성이 있다.

우리는 혁명적 기획의 여러 근본적인 특징을 알고 있다. 최초에 그것은 모든 착취로부터의 노동자 해방과 경제 위기 상황에서 가장 폭력적으로 표현되는 자본주의적 혼란에 대한 회답으로서의 사회 경제적 조직의 효율성 쟁취라는 두 가지 야망을 서로 결합하는 데 있었다. 혁명가들은 다소 성급하게도 중앙 집권적 계획이 모든 경제 문제를 해결해 줄 것으로 믿었다. 즉 자본주의 경제가 그 자신의 무질서한 특징으로 인해 형편없이 몰락할 것이라고 믿었던 것이다.

그러한 과정은 정치 관리자들의 지도력을 통한 사회 계층 전반과의 효율적 동맹을 통해 이끌어질 것으로 전망되었다. 레닌은 이러한 과정을 실현한 대표적 인물인데, 그는 혁명적 기질을 가진 사람들은 그다지 많지 않다는 점을 이미 깨닫고 있었다. 대중을 해방의 길로 인도하는 것은 전위의 몫이었다. 권력 쟁취 이후, 그의 '혁명적인 정치적 관리주의'는 중앙 집권적인 '보수주의적인 관료주의적 관리주의'로 변화했다. 구체제에 있던 관리직들이 원래 결합되어 있었기는 하지만 보수주의적인 관료주의적 관리주의가 전적으로 자리 잡고 말았다. 그것은 선진 자본주의 국가에서 관찰되는 사회화의 중간 단계들과는 단절된 진화 과정의 결과였다. 상위의 정치 및 경제적 수준에서 관리주의적 지배가 실현되었다. 또한 새로운 체제의 목적에 부합하는 역량과, 그것을 촉진하기 위한 구 지도층 및 선택된 엘리트들로 구성된 그룹으로서의 새로운 계급이 출현했다. 그러한 새로운 계급은 결국 민중 계급의 해방을 실현시킬 수 없었을 뿐만 아니라 그 계급 자신 스스로 성숙할 수 없었고, 어떤 목표를 효율적으로 추구할 수 있는 환경 또한 만들어내지 못했다. 결국 이상적 사회주의 사회는 관료주의적 관리주의를 통해서는 실현될 수 없었다. 유고슬라비아에서 볼 수 있었던 노동자 자주 관리적 실행은 기업 단위에서 적어도 경제적으로는 권력을 분권화하려는 시도였다. 하지만 경제적 효율성을 증명하지 못했으며, 소련식 중앙 집권 시스템의 대안으로서 역할을 하지도 못한 채 실패로 남게 되었다.

소련에서는 연방 붕괴 직전 지배 계급의 상위 분파들이 자신들의 사회를 개혁하는 데 실패했으며, 사실 재구성할 의도 또한 없었다. 결국 연방 해체의 길로 접어든 것이다. 그 상위 분파 계급들은 그들의 전임자들이 건설한 체계를 붕괴시키고 완전히 포기했을 때 가질 수 있는 이점에 대해 알고 있었다. 결과적으로 그러한 계급 분파는 1980년대 후반에 이미 와해된 전후 사회적 타협의 길을 선택하지 않고 신자유주의적 자본주의의 길을 선택했는데, 그 형태가 어떠했고 어떤 결과를 낳았는지 우리는 알고 있다. 1990년대에 걸쳐 중국의 관리직들은 당초에 소련이 겪은 것과 유사한 신자유주의적 자본주의의 길로 향하고 있었다. 하지만 중국 관리직은 가령 영토의 해체와 같은 러시아가 겪은 어려움들, 신자유주의적 개혁으로부터 기인하여 주변 국가에 반복되는 경제 위기, 유럽에서의 신자유주의 경제 위기에 따른 충격 등을 통해 신자유주의로의 전환이 야기할 잠재적 폐해를 깨닫고 있었고, 공산당 체제를 유지하기 위한 새로운 방향을 설정했다. 자본주의적 부문의 건설과 신자유주의와는 일정 정도 거리를 두고 있는 경제 및 정치적 과정에 대한 강력한 통제, 그리고 억압을 동반하는 사회 개혁을 통해 반체제 인사들을 제어하려는 시도 등이 결합되어 나타났다.

## 좌파적 동맹 혹은 우파적 동맹 그리고 지도력
### : 사회주의와 신관리주의

전후 및 신자유주의 타협에 대한 각각의 정의는 두 가지 속성으로 귀착하는데, 그것은 동맹 내에서 나타나는 협력적 성격과 어느 세력이 그 동맹을 이끄는가에 대한 것이다. '좌파적' 동맹인 관리자 계급과 민중 계급의 동맹은 전후 사회적 타협이라는 표현으로 말할 수 있다. 그 반대로 '우파적' 동맹인 관리자 계급과 자본가 계급의 동맹은 신자유주의라 표현할 수 있다. 먼저 어떤 계급이 지도적 위치에 있었는가를 봐야 하는데, 전후의 사회적 타협에 대해서는 관리자 계급이 지도력을 가졌던 반면에 신자유주의에서는 자본가(금융) 계급이 지도력을 가진다.

관리주의적 자본주의 내에서 실행되는 계급들 사이의 동맹과 권력의 결합은 또 다른 형세를 낳는다. 민중 계급과 자본가 계급 동맹이 벌어지리라고 상상하기는 어렵겠지만, 각각의 동맹 안에서는 대안적 선택이 지도력의 교체를 통해 이루어질 수 있을 것이다. 따라서 우리는 여전히 잠재적이지만 중요한 가능태의 역량을 지닌 사회 질서를 검토할 수 있다. 좌파적 동맹 내에서 민중 계급이 지도력을 발휘하여 관리자 계급의 특정한 이익을 관리하는 것을 '사회주의'라 부를 수 있다. 계급이 일정 기간 존재할 것이지만 (점진적으로 해소되기 이전까지) 권력은 인민의 수중에 있다. 모든 좌파 투쟁의 지평에 있는 것이 바로 이것이다.

　마찬가지로 우파적 동맹 내에서 유사한 전도 과정이 벌어질 수도 있다. 예를 들어 관리자 계급의 지도력 아래에서 이루어지는 자본가 계급과 관리자 계급의 동맹이 그것이다. 이는 신자유주의의 주장과 대비되며 경제의 전부분이 중앙 집권적으로 관리되는, 즉 관리자 계급이 정책과 관리의 장에서 자율성을 확보하는 사회적 형세를 일컫는다. 자본가 계급의 권력과 소득은 제한될 것이다. 자본가 계급의 특정한 이익을 다루는 관리자 계급의 지도력은 관리주의의 길로서 나타날 수 있겠다. 우리는 신자유주의에 뒤이어 나타날 수도 있는 그러한 사회 질서를 신관리주의라고 부른다. 신자유주의에서의 접두사 '신'이 '자유주의'적 특징들을 가지는 금융 헤게모니의 복권을 가리키는 것과 같이 신관리주의의 '신'이라는 접두사는 전후에 벌어졌던 것과 같은 관리주의적 지도력의 복원을 강조한다.

　신관리주의적 논리는 현대 사회에서 이미 나타나고 있다. 예를 들어 정책의 방향 및 소득 구성에서 그러한 논리가 드러난다. 다양한 종류의 보너스와 연관된 고임금이 오늘날 상위 계급 구성원들에게 이익을 주는 소득 중 가장 큰 부분을 차지한다. 미국에서 상위 계급의 소득 구성을 보자면, 95~100분위에 해당하는 계층 가계 소득의 71%는 임금으로 구성되며 나머지 29%가 임대 소득, 은행 이자, 배당금 등의 재산 소득으로 구성된다.

## 생산관계와 사회 질서
## : 상호적인 관계

1부를 끝내기 전에 2장에서 우리가 '정치적인 것'이라 불렀던 지속적인 계급 투쟁과 사회 질서들의 변화, 그리고 1장에서 '구조적인 것'이라 일컬었던 자본주의 생산관계의 변형 및 그것의 궁극적 지양의 관계를 연구할 필요가 있다. 이러한 관계들은 상호적이다.

구조적인 것에서 정치적인 것으로 나아가면서, 생산관계의 변형을 통해 대결 관계 안에 있는 행위자들의 행위와 정체성이 수정된다. 즉 전통 자본주의에서 관리자본주의로 나아가면서 이중적 계급 구조에서 3중의 계급 구조로의 이행을 통해 관리직의 경제·정치적 역할이 증대했다. 관리자 계급은 거리에서 행해지는 주요한 계급 투쟁에서 맨 앞에 서는 세력이 아니다. 그들은 정당과 정부 기관, 기업의 상위에 위치해 지휘를 하고 있으며, 그것이 그들이 역사의 흐름에 참여하는 방식이다.

두 번째 방향으로 이번에는 정치적인 것에서 구조적인 것으로 가면서 더욱 많은 것을 알아볼 수 있다. 사회 질서의 배경에 있는 사회화-조직화의 동역학은 영속적이지만, 전후 사회적 타협은 구조의 변용을 불러일으켰다. 그 사회적 타협은 자유주의에 대한 공격을 개시하면서 정치적으로 뚜렷하고 직접적인 자본주의적 소유권에 대한 지양 가능성을 촉발시켰다. 그 사회적 타협은 자본주의적 소유권을 지양하는 첫 행위로 해석될 수 있다. 금융에 우선권을 부여하지 않더라도 사회 및 경제가 잘 굴러간다는 것이 그 증거다. 왜냐하면 기업이 오직 주식 시장의 성과에만 기초하여 관리되는 것도 아니고, 기업의 이윤이 금융 기관에만 집중될 필요도 없기 때문이다. 전후에 나타난 사회 질서는 자본주의적 소유권이 작동하는 자연적 규칙들을 점진적으로 제어하면서 그 지양을 시작했다. 만약 신자유주의적 반혁명이 일어나지 않았다면 그러한 사회적 타협은 또 다른 생산관계의 확립에 있어서 결정적 역할을 했을 것이다.

신자유주의에서 신관리주의로의 이행에서도 역시 생산관계의 변환은 주요한 문제다. 신자유주의는 우리의 경제와 사회가 지닌 자본주의적 성격이 지양되는 것을 더디게 한다. 신관리주의 내에서도 자본주의를 넘어서는 이행 과정은 지속된다. 그것은 새로운 생산관계로의 전환으로 이어지면서 동시에 자본가 계급을 관리하는 것과 관련되어 있다. 관리주의적 논리들이 부과되지만 결국 자본가 계급과 공생하는 것이며, 이러한 현상들은 민중 계급 배후의 상층부에서 이미 벌어지고 있는 일이다.

## 거대한 분기

우리가 조금 전 거론했던, 자본주의적 소유권에 대한 지양을 이끌 가능성이 있는 큰 경향들과 사회 질서에 내재하는 힘 관계에 대한 동역학, 그 둘의 상호 관계는 정치적으로 상당한 중요성을 띤다. 여기에는 결정론적인 근본적 경향들과 정치적 투쟁이 달성할 수 있는 우연적 성과들이 혼합되기 때문이다.

관리자 계급 역할의 역사적 진전이라는 사실이 가진 구조적 경향을 피할 수 없다. 하지만 그 경향은 서로 매우 다른 양상을 띨 가능성이 있다. 다종다양한 형태로 조직되고 조정되기 때문이다. 정책적 대립은 그러한 구조적 경향이 나아갈 잠재적 방향을 결정한다. 우리는 즉 '거대한 분기'가 나타낼 두 가지 방향을 제시한다. 첫 번째 방향은 장기적 관점에서의 계급 관계 소멸에 대한 것이며, 두 번째 방향은 계급 관계의 존속에 관한 것이다. 아래에서 볼 일곱 가지의 주장은 우리의 일반적 분석 틀이 가지는 중요한 윤곽들을 요약한 것이다.

1) 자본주의는 역사의 종말이 아니다. 자본주의는 필연적으로 지양될 수밖에 없다. 계급 구조와 생산관계의 점진적 변형이 그것을 증명한다.

2) 특정 범주의 자본가들 또는 임노동자 계급 상위의 소수 집단이 아닌 하나의 사회 계급으로서 관리자 계급의 확대에 우호적인 기본적 경향들이 존재한다.

3) 한편으로 사회화와 조직화의 진전, 그리고 다른 한편으로 사회 진보와 사회 대다수 분파의 해방 사이의 관계가 필연적으로 일치하는 것은 아니다.

4) 수십 년 동안 발생한 자본가 계급과 대립하여 민중 계급과 동

맹 관계에 있던 관리자 계급의 증대는 혁명적(사회주의)이고 점진주의적(사회민주주의)이라는 두 가지 다른 정치적 형태로 이어졌다. 이러한 두 가지 경로는 고유한 모순은 물론이고, 자본가 계급과의 투쟁 속에서 모두 실패했다.

5) 그 모순들 중 가장 주목해야 할 것은 관리자 계급의 기회주의다. 관리자 계급의 사회적 위치는 두 가지 다른 잠재적 협력 관계를 불러일으키는데, 한쪽으로는 자본가 계급과의 우파적 관계가 있고, 다른 한쪽으로는 민중 계급과의 좌파적 관계가 있다. 그러한 혁명적이고 점진주의적인 경로의 실패로 결국 관리직 계급은 민중 계급과의 동맹으로부터 멀어지게 되었고, 자본주의적 동역학으로부터 해방을 도모할 수도 있는 조직자로서의 정체성 또한 훼손됐다.

6) 이제부터 나타나는 궤도들은 자본주의를 지양하는 이행과 관련이 있다. 하지만 그 동맹의 방향에 따라서 두 가지 경로가 열려 있다. 첫째로는 우파적 동맹으로서 신관리주의이며, 둘째로는 민중 계급과 함께하는 좌파적 동맹이다. 계급 투쟁, 특히 민중 계급의 투쟁이 이 중대한 분기점에서 나타날 새로운 경로를 결정할 것이다.

7) 그중에 어느 길이 우세하느냐에 따라서 사회적 해방의 운명이 정해질 것이다. 우파적 동맹은 관리자 계급의 지배 및 새로운 사회관계 내부로의, 현재 자본가 계급의 점진적인 통합을 영속화시킬 것이다. 좌파적 길은 민중 계급을 위한 더 나은 세상으로 향하는 길을 열어줄 가능성이 있다. '사회주의' 내에 존재하는 계급 관계를 해소

하는 것이다. 사회주의라는 용어는 그것이 지닌 역사적 비중 및 그러한 용어에 대한 일반적 오해에도 불구하고 틀림없이 보호되어야 할 표현이다.

우리가 갖고 있는 현재 투쟁과 관련된 쟁점에 대한 전망은 제한적이다. 즉 장기적인 관점에서 아주 먼 미래를 위한 전망들을 공식화하려는 것이 아니라 오늘날 우리가 직면한 거대한 분기의 양상을 살펴보는 것에 목적이 있다. 미래를 현재와 완전히 분리해 전망하는 것은 잘못된 것이다. 사회 질서의 분석에서 몇십 년 안에 여러 길이 그 흔적을 남기며 유지되고 변화되고 사라지는 것을 볼 수 있었듯이, 역사는 매우 빠르게 흐른다. 즉 현재는 내일의 또 다른 모습이다.

**2부**

전후의
사회적 형세와
신자유주의

3장

# 좌파적 타협

1부에서 전반적으로 넓은 의미에서 살펴본 역사적 전개와 2부에서
다룰 내용에는 상당한 차이가 있을 것이다. 왜냐하면 2부에서는 논
평이 아닌 사실에 근거를 둔 내용들을 다루며 더욱 상세하게 파고들
어갈 것이기 때문이다. 2부의 네 장은 전후 첫 십 년간을 시작으로
각각의 역사적 흐름 위에서 전후 시기와 신자유주의에 관한 내용을
다룰 것이다.

　구대륙의 전후 기간을 대략적으로 검토해 보면 사회 진보에 반하
는 제국주의적 정책과 환경 파괴와 같은 논란의 소지가 있는 사실들
을 확인할 수 있다. 그 기간에는 좌파적 성격을 띠는 사회적 타협도
있었다. 양차 대전 사이의 시기로부터 약 50년 후 그러한 좌파적인
사회적 타협은 무너지고 말았다. 그 타협으로 이뤄진 보다 평등했던
사회, 성장에 매진했던 금융 분야, 비교적 독립적인 관리자 계급의

관리 활동, 사회 보장 제도를 제공하는 정부와 같은 긍정적인 특징들
은 신자유주의 시대와의 대조를 통해 명확히 드러날 수 있다.

## 소득과 재산
### : 보다 평등했던 사회

소득 불평등은 여러 사회 질서의 차이를 나타내는 효율적인 지수다.
20세기 초반 부르주아적 '벨 에포크'는 사회적 불평등이 확대된 기간
이었다. 그러한 불평등은 제2차 세계대전 후 새로운 좌파적 타협에
의해 상당히 줄었지만, 신자유주의 시대에 이르러 다시 생겨났다.
신자유주의 시대의 불평등 수준은 적어도 첫 번째 금융 헤게모니 시
절과 비슷한 수준을 보인다.

이매뉴얼 사에즈Emmanuel Saez와 토마 피케티Thomas Piketty의 연구
에 사용되어 세간의 주목을 끌었던 세제 자료들은 오늘날 소득 불평
등과 사회 불평등의 연구에 있어서 필수불가결한 준거가 됐다.[16] 우
리도 이 자료를 광범위하게 사용했다.[17] 그 세제 자료들에 의하면

---

16 T. Piketty et E. Saez, "Income Inequality in the United States, 1913-1998", ⟨*The
Quartely Journal of Economics*⟩, Vol. CXVIII, no. 1, 2003, pp. 1-39; T. Piketty, ⟪*Le capital
au XXIe siècle*⟫, Le Seuil, Paris, 2013. (⟪21세기 자본⟫, 장경덕 옮김, 글항아리, 2014.);
F. Alvaredo, A. Atkinson, T. Piketty et E. Saez, "World Top Incomes Database", PSE,
2013. http://topincomes.parisschoolofeconomics.eu.
17 G. Duménil et D. Lévy, ⟪*The Crisis of Neoliberalism*⟫, Harvard University Press,

제1차 세계대전부터 1929년의 대공황까지 미국에서 소득 상위 1%가 전체 미국 소득의 17%를 차지하고 있었다. 그리고 제2차 세계대전 직후에는 그러한 상위 소득 집중이 17%에서 10%로 명백히 줄었다. 이러한 역사적 과정에서 가장 흥미로운 특징은 상위 소득 집중의 감소가 전후 좌파적 사회 타협의 기간인 1970년대 후반까지 유지되었다는 것이다. 그러나 1980년대부터 빠른 속도로 새로운 소득 집중 경향이 나타나기 시작한다. 1980년대 이후 20년 동안의 소득 불평등은 1929년 대공황 직전 수준을 넘어섰다. 위와 같은 사실은 조세 통계를 통해 알아낸 것이지만, 실제 소득 불평등은 통계 자료가 나타내는 것보다 더 심각할 가능성이 있다. 왜냐하면 그 통계는 신자유주의 시대에 조세 피난처에 숨은 상위 소득의 일부분을 포함하지 못하기 때문이다. 그러한 소득 불평등의 악화 현상은 상류 계급이 사회에서 더 많은 영향력을 끼친다는 것을 나타낼 뿐만 아니라, 소득 불평등에 의한 부의 불평등 또한 악화된다는 것을 보여준다. 명확하게 단정 지을 수는 없지만, 그러한 의견은 전반적으로 일치하는 경향을 보인다.

신자유주의에서 이루어지는 경영과 경제 정책들은 주식 시장 활동성 극대화를 목표로 삼고 있는데, 실제로 이 목표를 위해 실현된

---

Cambridge, 2001. (《신자유주의의 위기》, 김덕민 옮김, 후마니타스, 2014.), 제3장 1절을 보라.

것들을 보면 매우 놀랍다. 물가 상승 영향 지표를 감안했을 때 뉴욕 증권거래소 주가 지수는 1960년대 초반과 1970년대 초반 사이에 거의 절반으로 하락했다. 또한 1966~1973년 기간의 평균 주가 지수는 2010~2013년 기간과 3배 차이가 난다. 즉 이번 경제 위기로 인해 기록적인 수준의 잉여 가치는 사라지지 않았으며, 특히 배당금 분배는 가장 괄목할 만한 성과다.

전후 기간은 임금 소득자 구매력(물가 상승을 반영한)이 증가한 기간이기도 했다. 신자유주의 시기 이러한 흐름은 정체되는 경향을 보이는데, 어떤 특정 범주의 임금 소득자들의 경우에는 정반대의 경향을 나타내기도 한다. 미국에서 다수의 임금 소득자들은 '생산 노동자'로 지칭됐는데 그 비율은 82%였으며 나머지의 상위 임금 소득자들은 18%였다. '생산 노동자'의 주급은 소비자 물가 지수를 감안했을 때 1948년~1972년 기간에 58%의 증가를 보였다. 그 비율은 점차 줄어들어 1972년~2012년에는 14%의 상태에 있다. [그림 3.1]에서는 위에서 언급한 18%의 상위 임금 소득자보다 더 좁은 범위의 5% 상위 임금 소득자를 예로 든다. 5%에 속하는 임금 소득자와 95%에 속하는 임금 소득자 간의 소득은 전후 기간 동안은 같은 수준으로 증가하지만 1970년대부터 그 격차가 커지는 것을 볼 수 있다. 왜냐하면 임금 소득자들 간의 위계 관계가 상위 임금 소득자에게 유리하도록 변형됐기 때문이다. 1971년과 2011년 사이에 상위 5%의 임금 소득자 그룹과 나머지 95%의 임금 소득자 그룹의 구매력의 차

**임금 수준에 따른 임금 노동자 두 집단의 구매력**(미국, 단위: 2011년 기준 1,000 달러)

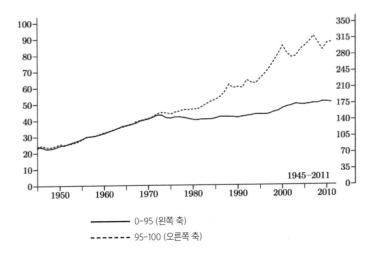

───── 0-95 (왼쪽 축)

------- 95-100 (오른쪽 축)

왼쪽 축: 임금 소득 하위 95% 임금 노동자 평균 구매력
오른쪽 쪽: 임금 소득 상위 5% 임금 노동자 평균 구매력

이는 3.5배에서 7배로 늘었다.

위의 사례와 유사한 동역학을 다른 지역에서도 확인할 수 있는데, 예를 들어 프랑스의 경우 임금 소득 증가율이 1980년대부터 정체하기 시작했으며, 특정 사회 집단의 구매력 감소가 관찰되었다. 소득 불평등의 경우 미국보다는 확실히 덜하고 뒤늦게 나타났다. 1968년 5월 혁명의 영향이었다. 하지만 1990년대 중반부터 소득 불평등이

■ 그림 3.2
**시간당 구매력 (연평균, 1970=100): 아르헨티나와 멕시코**

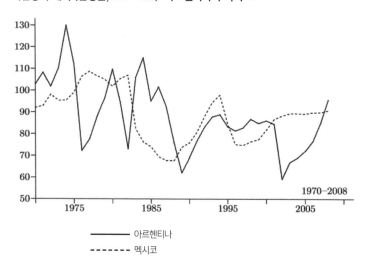

아르헨티나
------- 멕시코

점차 나타나기 시작했다.[18] 라틴 아메리카 지역에서는 더욱 심각한 소득 불평등 확대를 확인할 수 있다. 1950년부터 1970년대 중반까지 구매력은 두 배에서 세 배까지 늘어났다. [그림 3.2]에서 볼 수 있듯이 신자유주의 안에서는 구매력의 절대적 하락이 나타나기도 했는데, 바로 아르헨티나와 멕시코 같은 경우다. 이 같은 구매력의 침체가 30년 동안 지속되었다.

---

**18** C. Ladais, "Top incomes in France (1998-2006): Booming inequalities?", ⟨*Paris School of Economics*⟩, juin 2008; O. Godechot, "Is finance responsible for the rise in inequality in France?", ⟨*Socio-Economic Review*⟩, vol. 10, 2012, pp. 447-470.

사실 위에서 언급한 비율들(18%나 5%)을 근거로 한 자료가 관리자급 임금 소득자와 일반 임금 소득자를 구분하는 데 있어 아주 정확한 배경 자료가 될 수는 없지만, 우리는 위의 자료를 통해 임금 소득자 집단 사이의 경계 구분이나 존재를 어림잡아 알 수 있다. 임금 소득자 위계 구조의 변화는 상위 관리자 계급에 유리한 신자유주의 체계(미국이 최초로 길을 열어 놓은)에서 사회적 동맹의 새로운 양극화를 설명해 준다. 결국 임금 소득에 관해서든, 재산 소득에 관해서든, 소득 불평등의 변화 과정은 신자유주의적 계급 특성, 신자유주의적 목적 그리고 자본가 계급의 지도적 역할을 설명해 준다. 이는 관리자 계급 상위 분파와의 동맹 관계를 통한 것이며, 관리자 계급 상위 분파는 가장 중심적인 역할을 수행하는 동시에 그로부터 상당한 수익을 올리고 있다.

## 성장에 봉사하는 금융 부문

신자유주의의 다른 주요 특징은 금융 부문의 역할, 금융 부문과 기업 고위 경영진과의 관계, 그리고 정부와의 관계에서 찾을 수 있다. 1980년대부터 '금융화' 과정은 가속화되었는데, 그 결과로 금융 부문에 유리한 소득과 권력의 집중이 형성되었다. 자본가 계급 수중의 도구인 금융 부문은 가장 완전한 신자유주의의 상징적 형세로서 비금융 부문과의 관계 속에서 점차 계급 구조의 상위를 차지하게 됐다.

그러한 변화의 영향력을 잘 이해하기 위해서는 과거로 돌아가 볼 필요가 있다. 1929년 이후에 사람들은 경제 위기의 원인을 금융 부문에서 찾았다. 미국에서는 그러한 비판에 따라 금융 부문의 활동을 관리하는 중요한 규제들이 출현했는데, 특히 예금 보험 제도, 예금 은행과 투자 은행의 분리(고객의 돈을 이용하는 투기 금지), 이자율에 대한 규제, 채권과 같은 증권 발행에 대한 규제들이 대표적이었다. 이는 또한 가계 주택 담보 대출의 재융자를 보증하기 위한 준공공 기관의 설립으로 이어지기도 했다. 이러한 제도적 틀은 제2차 세계대전까지 유지되었으며, 또한 전후 기간의 주요 특징을 정의하기도 한다. 세계의 다른 지역에서는 예를 들어 은행의 국유화나 다수의 준공공 금융 기관의 확대와 같은 훨씬 엄격한 규제 장치가 나타났다. 경제에 해를 끼칠 위험성이 있는 행위의 차단을 넘어 보다 광범위한 틀에서 성장과 고용을 촉진하는 경제 정책들 중의 하나로 금융 부문에 취해야 할 역할을 부여하려는 시도였다.

프랑스는 그러한 새로운 흐름이 극단적으로 나타난 대표적인 예다. 사실 국유화에 대한 인민전선의 활동은 예상보다 더욱 제한적이었다. 1945년이 되어서야 프랑스 중앙은행이 국유화되었는데, 그와 동시에 프랑스의 4대 은행도 국유화되었다. 또한 1946년 봄에는 프랑스의 주요 11개 보험 회사도 국유화되었다. 1980년대에는 신자유주의가 자리를 잡았음에도 불구하고 1981년 프랑수아 미테랑 대통령 선출 후까지 금융 기관의 국유화 바람이 지속됐다. 민영화 바람은 1980년대 중후반부터 불었다. 전후 프랑스는 기업과 가계가 광범위하게 활용할 수 있는 공적 감독하에서 넉넉한 자금 조달 체계의 도움으로 성장할 수 있었다. 특히 기업의 투자는 상당한 정도까지 대출에 의존했다.

전후 독일과 일본의 경우를 살펴보면, 금융 부문과 산업 부문 사이의 관계가 비교적 평등했으며, 산업의 급격한 성장에 우호적인 형세가 형성되어 있었다. 독일에서는 각각의 기업이 특정한 은행과 밀접한 관계를 가지며, 그 은행은 기업의 경영과 금융 활동에 직접적으로 영향력을 행사하는 주거래 은행Hausbank제도가 있었다. 일본에서 금융 기관들은 게이레츠라 불리는 거대 기업들과 긴밀한 관계였다. 관리자 계급은 그러한 관계 속에서 행정 관리직과 견고하게 협력했고 주로 종신 고용과 같은 특권을 누렸다. 이러한 일본의 시스템은 전후 거대한 산업화 물결을 지탱하는 데 중요한 역할을 했다.[19]

## 기업 내 관리직 지배 구조와 임금 노동자의 동맹

국유화된 분야의 경우에는 전후 수십 년간 자본 소유자들의 미미한 요구들만이 있을 뿐이었다. 관리자 계급은 성장, 시장 장악, 기술 발

---

**19** H. D. Whittaker et S. Deakin, "On a different path? The managerial reshaping of Japanese corporate governance", ⟨*Corporate Governance and Managerial Reform in Japan*⟩, Oxford University Press, New York, 2009.

. •

전 등과 같은 기준하에 기업을 경영했으며, 주주에 대한 배당금 지급은 무시할 수 없는 부분이었지만 주요한 목적은 아니었다. 대기업의 상위 관리자들은 그들과 중요 협력 관계에 있는 정부 관계자나 다른 임금 소득자들과 비교했을 때 별 차이가 없었다.[20] 이러한 식의 관리 방식은 자본의 상호적 소유를 바탕으로 하는 네트워크를 통해 지탱되었는데, 즉 기업들은 상호 출자 방식으로 지배되고 있었다. 또한 이사회 구성원들은 다른 여러 이사회에도 속해 있었으며, 동시에 그들의 경험을 서로 공유하고 공통적인 기업 전략을 세웠다.

그런 유형의 관리 네트워크는 매우 이질적인 활동들에 대한 상호적인 참여를 토대로 두는 대기업(거대 복합 기업) 시스템인 미국 경제의 특징을 이룬다. 놀라운 사실은 우리의 예상과는 달리 관리자본주의 및 기술 조직 관리자들Technostructure[21]에 대한 이론이 발전된 곳은 미국이다. 하지만 그들은 자본가 권력의 쇠퇴에 대해 다소 성급하게 판단했다.

독일의 전후 사회적 타협은 고유한 동역학을 가지고 있었으며, 그것은 때로 '라인형 자본주의'라고 불린다. 현대식 독일 모델의 경우 그 기능 양식이 수정되긴 했지만, 신자유주의가 나타났던 수십 년 동안에도 자신의 본래 역할을 어느 정도 유지했다는 특징이 있다. 관

---

**20**  F. Bloch-Lainé, 《*Pour une réforme de l'entreprise*》, Le Seuil, Paris, 1963.

**21**  J. K. Galbraith, 《*Le nouvel État industriel: Essai sur le système économique américain*》, Cambridge, 2007.

리자와 임금 소득자와 관련지어 보자면, 공동 결정 체계를 이루는 세 개의 기관[주주 총회, 이사회, 감독이사회(감사회)]에 대해 생각할 수 있다. 이러한 관계의 특수성을 규정하는 것은 감사회이다. 대기업의 감사회는 주주 대표들과 기업의 규모에 따라 1/3 정도를 차지하는 노동조합 대표들로 구성된다. 물론 감사회의 구성원은 기업의 이익을 고려하지만, 노동자와 그 외의 일반적 이익도 고려해야만 한다. 1976년에 공동 정책 결정에 관한 법을 제정한 스웨덴의 경우도 독일과 유사하다. 그럼에도 불구하고 관리자 계급의 조직화된 업무와 생산직 노동자 업무의 분리는 계속되었다.

앞서 프랑스 금융 시스템을 이야기하면서 언급했던 것과 같이 전후 사회적 타협은 제도적 형태와 소유권의 특성에 대한 이차적인 변화도 설명해 준다. 즉 국유화에 대한 것이다. 소유권은 공공 행정 기관으로 이전되며 사적 소유권과의 관계는 철저히 분리된다. 이러한 양상은 장단점을 수반한다. 먼저 이를 통해 정부가 직접적인 정책 수단을 갖게 된다는 장점이 있다. 예를 들어 금융 분야의 국유화는 자금 조달과 그것에 대한 방향과 방법, 즉 수요와 성장에 관해 정부가 직접적으로 영향력을 행사할 수 있는 가능성을 열어주며, 철도나 에너지 산업의 경우 그러한 범위가 더욱 명백하다. 하지만 정부와 같은 거대한 기관에 내재한 관료주의적 일탈의 위험이 항상 도사리고 있다는 단점이 있다.

일반적으로 신자유주의는 위에서 언급한 제도적 형세를 와해시

**순자사주 매입과 신규 차입(고정 스톡 자본 대비 비율)**(% : 미국 비금융 기업)

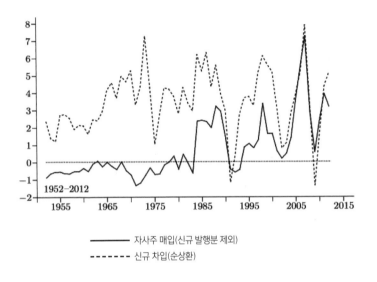

―――― 자사주 매입(신규 발행분 제외)
------- 신규 차입(순상환)

컸다. 즉 관리자 계급과 다른 노동자들 사이의 관계, 경영 네트워크
와 관리자 계급이 상당한 독립성을 가지고 있는 비금융 기업의 상호
적 소유권 네트워크, 국유화에서 행정직 관리자 계급이 가지는 특권
들, 산업적 정책이나 거시 경제적 정책의 추진 가능성 등 핵심적인
관계들을 단절시켰다. 이러한 제도적 형세의 와해에 금융 부문과 비
금융 사이의 위계질서 재구성이 병행되었다. 금융 부문은 자본주의
적 소유자의 관리자로서의 기능을 수행하게 되었다. 또한 이러한 와
해 과정에서 관리직들이 제외된 것이 아니라 오히려 금융 관리직에

## 미국 비금융 기업의 자시주 매입

[그림 3.3]의 첫 번째 변수를 통해 미국 비금융 기업의 순자사주 매입(주식 매입과 신주 발행의 차액)의 고정 자본 스톡 비율을 확인할 수 있다. 이 변수가 양의 값을 갖는다는 점을 통해 기업들이 투자보다는 자기 주식을 되사들이려 한다는 점 또한 확인할 수 있다. 따라서 이는 네거티브 축적 과정이라고 할 수 있다. 이러한 비율은 경기 순환(호황과 경기 후퇴)에 따라 변동하고 있지만, 역설적으로 기업들이 주식 시장을 통한 자금 조달에 조금이나마 의지하던 전후 기간과 대조를 이룬다. 역으로 신자유주의 기간에는 기업들이 주주들에게 자금을 대고 있다.

두 번째 변수는 신규 차입을 나타내고 있는데, 인상적인 점을 발견할 수 있다. 전후 타협 기간에는 기업들이 투자 자금을 조달하기 위해 신용을 이용했다면, 신자유주의 기간에는 대부분이 차츰 주식 매입과 주식 시장 성과를 위해 신용을 이용한다는 점이 분명히 드러난다.

특권이 주어졌다는 점에 주목할 필요가 있다. 대부분의 경우 대기업의 경영은 주주들의 이익에 부합되는 방향으로 이루어졌다. 배당금으로 분배된 이윤의 비율은 급격히 상승했으며 그로 인하여 투자는 줄어들었다. 또한 기업들은 신주 발행을 통한 자금 및 축소된 신용과 같은 활용 가능한 자금을 투자에 사용하기보다는 그들 회사의 주식들을 사들여 주가를 올리는 데 열중했다. 미국에서 이러한 메커니즘이 보여주고 있는 규모는 어마어마하다[상자 3.1].

## 정부를 매개로 한 좌파적 타협
## : 거대 규모의 국가와 사회 보호

신자유주의가 '거대한' 규모로 발전된 국가를 축소시키는 데 성공적이지는 못했다. 미국의 경우를 보자면 전후 첫 십 년간 연방 정부, 주州, 시市 단위의 공공 부문 지출은 평균적으로 국내 총생산의 21%를 차지했다. 이후 그 비율은 1970년대에 29%, 1990년대에 32%, 그리고 2012년에 들어서는 35%를 기록했다. 다른 나라들과 마찬가지로 공적 지출 증가가 둔화되기는 했지만 후퇴하지는 않았다는 것을 확인할 수 있다. 미국의 주들은 특히 국유 부문의 소멸이나 축소 및 특정한 산업 정책들의 중단에 의해 그들의 특정한 의무들로부터 해방되었지만 항상 강한 영향력을 유지했다. 이러한 국가 기관의 영속성은 사회화 과정의 불가역성을 보여주는 예다.

중앙 정부 기관이 사회 보장 지출을 책임지는 것 또한 상당히 중요한 의미를 지닌다. 1950년대 후반 프랑스의 사회 부문 지출은 국내 총생산의 15%에 약간 못 미치는 정도였다. 그러한 지출은 전후 사회 타협의 일환으로 급속히 증가해 1980년대 초반에는 25%를 넘어섰다. 그 후로 사회 부문 지출은 매우 느린 속도였지만 계속 증가했다. 현재는 경제 위기로 인해 사회 부문 지출이 국내 총생산의 30%로 급격히 증가했다. 제도적 형세의 차이에도 불구하고 그와 비슷한 변화는 미국에서도 관찰된다.

## 민족 경제들

(전후의 사회민주적 타협과 신자유주의라는) 두 사회 질서의 주요 차이점은 생산 시스템의 지리학적 층위와 관계가 있다. 즉 전후에 벌어진 사회적 타협에서 민족 영토로의 집중과 신자유주의에서 벌어지는 국제화인 것이다. 여러 종류의 메커니즘이 이러한 논의에 적용된다. ① 대외 무역, ② 외국으로의 직접 투자, ③ 주로 '불안정' 혹은 '투기적'이라 지칭되는 경제를 심각하게 혼란케 할 가능성을 가진 자본의 이동들, ④ 세계적 금융 기관들.

■ 그림 3.4
**세계 수출(세계 GDP 대비 %)**

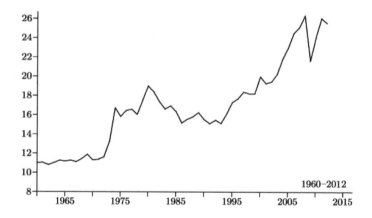

거대한 분기 ●

[그림 3.4]의 변수는 세계 모든 국가의 수출(수입의 총계와 동등함) 총계를 나타낸다. 이는 세계 무역의 증가 추세를 매우 간단히 보여준다. 제2차 세계대전부터 1970년대 초반까지 그 비율은 11.5% 전후에 걸쳐있는 것을 볼 수 있다. 이후 갑작스럽게 상승하는 부분이 있는데, 이는 유가가 상승하기 때문이다. 이후 1990년대부터 2008년의 경제 위기까지 무역이 급격히 증가하는 것을 관찰할 수 있다. 유엔에 의해 '선진국'으로 불리는 국가들의 외국 직접 투자를 나타내는 [그림 3.5] 역시 [그림 3.4]와 유사한 모습을 보여준다. 이는 '포트

■ 그림 3.5
**직접 투자 플로(세계 GDP 대비 %): 선진국**

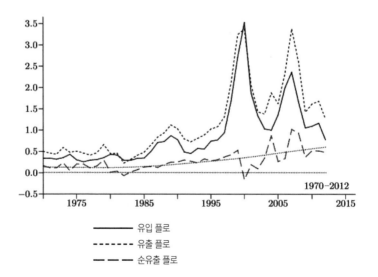

폴리오 투자'와는 반대 개념인 '직접 투자'에 대한 것으로, 즉 투자자가 외국 기업을 소유하게 하거나 외국 기업 자본의 주요 부분을 소유한 상태에서 자회사를 설립하는 경우를 가리킨다. 1985년 이전에 발생한 연간 유출입 규모는 세계 GDP의 약 0.5%라는 점을 확인할 수 있다. 기간의 막바지에 들어서는 그 비율이 약 두 배에서 세 배 정도로 늘어났다. 여기서 우리는 1990년대 후반부와 2008년 경제 위기 직전의 두 정점을 주목할 것이다. 대외 무역에 비하면 직접 투자 유출입을 나타내는 비율은 더 미미하지만, 이러한 유출입은 스톡의 형태로 해마다 축적되고 있다. 또한 우리는 1980년대 중반 이래로 나타나고 있는 순유입의 증가에도 주목해야 한다.

거대한 분기 ●

**4장**

# 연속성과 단절

앞에서 우리는 미국과 유럽에서 좌파적 사회 타협의 성격을 바탕으로 전후 첫 수십 년 동안 벌어진 경제와 사회에 대한 일련의 공통적 특징을 살펴보았다. 그러한 좌파적인 사회적 타협은 자본가 계급이 완전히 배제되지 않은 상태에서 이루어지는 관리자 계급과 민중 계급 사이의 사실상의 동맹으로 이해될 수 있다. 그 기간의 특징으로 덜 불평등한 사회, 경제 성장을 위한 금융 분야의 역할, 자본가 계급의 이해와는 어느 정도 거리가 있는 기업 관리, 증대된 정부의 역할과 사회 보장, 국내적 영토 수준에 집중되어 행해지는 경제 활동을 들 수 있는데, 이는 오늘날의 신자유주의적 사회 질서와는 전반적으로 상당히 대조적이다.

여러 다른 사회 질서의 구별을 위해 우리는 자연스럽게 정부들을 패러다임적 형태로 정의해 생각해 볼 수 있다. 예를 들어 좌파적 사회 타협의 구현에 관해서는 양차 대전 사이에 루즈벨트의 뉴딜과 레옹 블룸의 인민전선이 있으며, 신자유주의에 관해서는 좌파적 사회 타협과의 단절을 표명했던 1979년의 마가렛 대처 정부와 1981년의 로널드 레이건 정부의 출현을 들 수 있다. 반면 프랑스의 경우는 1983년 프랑수아 미테랑 정부의 출현으로 영국과 미국의 변화 형태와는 반대의 성격을 띠게 되었다. 하지만 한 사회 질서에서 다른 사회 질서로의 이행은 대통령 선출이나 한 정당이 새롭게 국회의석의 과반수 이상을 차지함으로써 실현된다고 단정 짓기에는 다소 무리가 있을 것이다. 왜냐하면 정권 교체는 그 정권이 좌파든 우파든 간에 동역학의 흐름을 매우 온건하게만 바꿀 수 있을 뿐, 사회적 질서의 동역학의 변화, 즉 한 사회 질서에서 다른 사회 질서로의 급격한 변화를 불러일으키지는 않기 때문이다.

사회 질서의 출현과 소멸은 한 사회의 위기, 전진, 회고 그리고 잡종 형성에서 기인하는 복합적인 과정이다. 우리는 그러한 복합적인 사회 질서들을 두 가지의 사례로 정리해 살펴볼 것이다. 첫 번째는 전후 사회 타협과 개혁적 노동자 운동 사이의 관계다. 물론 각 나라마다 어느 정도 차이가 있지만, 전후 첫 수십 년 동안 사회의 모습은 사회주의적 특성을 띠고 있던 관계의 연속성을 특징으로 한다. 두 번째는 이미 전후 동역학에서 나타나는 미국의 헤게모니적 의지와 신자유주의 혁명에 대한 준비, 그리고 세계화로 향하는 은밀한 과정과 관련된 것이다.

## 노동자 운동이 주도하는 사회적 타협

유럽의 경우에서 볼 수 있듯이 전후 사회적 타협은 계획적인 행동이 아닌 노동자 운동에 의한 개혁주의적 도정을 통해 추구되었다. 프랑스에서는 아주 짧게 존재했던 인민전선(1936~1938년) 기간에 그러한 전환이 시작되었다. 레옹 블룸은 인민전선이 프롤레타리아적 노선의 승리를 나타내는 것이 아니며 명확히 개혁적 중산 계급에 기초한다고 선언했다. 즉 인민전선은 '사회민주주의적' 방향을 지향했으며 적절히 통제된 형식 아래서 자본가 계급의 존속을 보장했다. 인민전선은 국유화 정책 이외에 유급 휴가, 주 40시간 근로, 단체 협약 등과 같은 중요한 사회 개혁들을 공적으로 선언했다. 그러한 정책은 전쟁 후에도 지속되었으며 더욱 확대되기까지 했다. 여기서 우리는 국유화 부문, 다수의 사회 개혁적 조치들, 직접적 계획화는 아니지만 유도 계획 형태로 나타난 계획 경제 등 전후 프랑스에서의 사회적 타협의 근간을 확인할 수 있다.

'자본가' 계급(주인)과 '노동자' 계급을 대결시키는 프랑스 전후 타협의 고유한 양상은 변화를 일으킬 만한 투쟁을 선동할 사회적 힘을 지니고 있던 노동자 운동에 기원을 두고 있다. 그러나 그 시절 민중 계급의 권력은 미미한 상태였다. 1929년 경제 위기 및 전쟁 상황에서 행정 관리자 계급의 적극적 개입과 금융 부문을 약화시키려는 시도들이 나타났고, 기업 내의 관리자 계급의 활동이 금융 부문의 후퇴로 인해 더욱 확대될 수 있었다. 즉 공공 부문과 민간 부문의 관리자 계급이 의사 결정 과정을 지배하면서 노동자들에게 우호적인 사회 타협에 중추적인 역할을 한 것이다.

전후 첫 수십 년간 프랑스에서는 민간 부문과 대규모의 공공 부문이 공존하는 '혼합 경제'가 등장하고 있었다. 그러한 혼합 경제 안에서 여전히 생산 수단의 사적 소유가 인정되고 있었지만, 어느 정도의 제한이 가해진 상태였다. 한편 혼합 경제는 '사회적' 성격을 가지고 있었는데, 이는 사회주의적 해방 프로젝트와 연속성을 지닌 것이었다. 이에 더하여 특정 이론가들은 자본주의 시스템과 사회주의 시스템 사이의 수렴을 예언하기도 했다.

다른 나라들과 마찬가지로 프랑스의 동역학은 케인스주의의 본질적인 요소를 포함하고 있었다. 앞서 언급한 사회적 혼합 경제나 사회민주주의와 같은 측면에서 넓은 의미의 케인스주의적 요소를 관찰할 수 있지만, 기술적이고 본질적인 의미에서 케인스주의적 요소는 단지 거시 경제적 정책, 실업과 생산의 변동이나 그 수준에 대한 통제라 할 수 있다. 생산과 투자의 결정권은 기업의 몫이었는데, 즉 자본가 계급과 관리자 계급 각각이 힘의 균형을 이루며 생산과 투자를 결정하는 것이다.

스웨덴은 그러한 변화 과정에서 상징적인 역할을 한다. 스웨덴 사회민주노동당SAP(Socialdemokratiska Arbetarparti)은 1932년부터 1976년까지 집권한다. 그 기간에 스웨덴 생산직노조연맹Landsorganisationen이

거대한 분기 ●

사회 변화 정책에 중요한 부분을 차지했다. 좁게 말하자면, '사회민주주의'는 거대 노동조합과 좌파 정당의 협력에 기초한다고 볼 수 있다. 스웨덴식 사회민주주의의 최종 목적은 급진적 변혁을 탈각한 사회주의였으며, 노동자 권력과 점진적 노선의 계승을 특징으로 했다. 특별하게도 이 나라에서 사회 타협은 1938년 사용자 조합과 노동조합의 공동 협약인 살트셰바덴 협약'Accord de Saltsjöbaden 체결에 의해 성문화되었다. 정부는 사회 보장 및 소득 재분배와 같은 케인스주의적 거시 경제 정책들에서 중심적인 역할을 했다.[22]

노동자 운동이 남긴 흔적들은 사회 보장 체계의 생성이나 확장과 같은 형태를 취하며 종종 지속되었다. 예를 들어 영국에서는 베버리지 제도의 연속성 안에서 복지 국가로 나아가는 전후 첫 수십 년 동안의 이행 기간이 형성되었다. 분단이라는 국가적 배경을 지닌 독일은 나치에 의한 좌파 세력 탄압 이후 '사회적 시장 경제'라는 사회적 프로그램을 실시하면서 계급들 사이의 협력적 실천과 이를 위한 이데올로기를 강제했다.

미국의 경우도 독특한데 제1차 세계대전 동안 가장 급진적인 노동자 운동이 실패로 돌아갔으며, 제2차 세계대전 이후까지 공산주의자에 대한 무자비한 탄압과 마녀사냥 같은 매카시즘이 이어졌다.

---

**22**  스웨덴에서 일어난 케인스주의와 사회-민주주의의 성격에 관해서는 A. Bergounioux et B. Manin, 《Le Régime social-démocrate》, PUF, Paris, 1989.

그럼에도 불구하고 유럽과 마찬가지로 소비에트 사회주의 연방의 가속화된 발전에 영향을 받았고, 노동자 운동의 희미한 그림자가 양차 대전 사이의 기간에 걸쳐 드리워져 있었다. 이 현상을 이해한 루즈벨트 대통령은 민중 계급과 노동조합의 지지를 구하게 되는데, 이를 우리는 '뉴딜 연합'이라 일컫는다.

## 국제적 관계의 틈

계급 간 동맹과 지배는 국제적 위계질서와 국제적 관계의 장과도 연관되어 있다. 이러한 관점에서 우리는 서로 다른 사회 질서에 존재하는 공통적 연속성을 관찰할 수도 있을 것이다. 왜냐하면 전후 사회적 타협은 물론이고 신자유주의에서도 미국 헤게모니의 강화 및 그 유지 보존에 대한 의지라는 공통적 모습을 발견할 수 있기 때문이다. 제2차 세계대전 이후 새로운 사회 질서의 확립뿐만 아니라 금융 헤게모니의 확립에도 이러한 의지가 중요한 역할을 했다.

새로운 국제 관계는 제2차 세계대전 후반부인 1944년에 체결된 브레턴우즈 협정에 의해 구축되었는데, 그 중심에는 미국 측 수석 대표인 해리 덱스터 화이트와 영국 측 수석대표인 존 메이너드 케인스가 있었다. 협정의 주요 사항에서 조정 가능 고정 환율 제도, 특별 인출권, 국제 통화 기금 설립 등이 있었으며, 그 목적은 새로운 세계 경제 질서를 만들어내는 것이었다. 그 협정은 자본의 국제적 이동을 제한하는 가능성을 지니고 있었는데, 프랑스의 경우 이것이 외국환 관리의 형태로 나타났다[상자 4.1]. 케인스는 그러한 것들을 거시 경제 정책 실행의 필수적 조건으로 여겼으며, 게다가 방코르라 불리는 새로운 국제 통화 단위의 창설도 시도했다. 하지만 이는 미국의 압력으로 실패했다. 결국 '금과 마찬가지로 효율적'인 달러화가 국제 통화의 역할을 하게 되었다. 이로써 미국의 초민족적 기업들과 금융 분야에 유리한 방향으로 협정이 흘러가게 된 것이다.

미국의 지배력은 다른 부분에서도 나타났는데, 그 예로 1961년 OECD경제협력개발기구로 그 기능이 이관되긴 했지만, 마셜 플랜유럽 부흥 계획을 집행하기 위해 1948년에 설립된 OEEC유럽경제협력기구가 있다. 1980년대에 들어서 OECD는 자본 이동의 자유화라는 기치를 내걸고 세계 경제에 자유화 바람을 불러일으키는 촉진제 역할을 맡았다.

신자유주의 기간과 전후 기간의 국제 무역은 그 수준과 자유도에서 큰 차이를 보인다. 자유 무역은 제2차 세계대전 후반부터 주요한 쟁점으로 대두되었다. 관세나 쿼터를 통해 이루어진 보호 무역은 사실 영향력을 세계로 확장하고자 하는 대기업들의 이익과는 상충되었는데, 이는 선진국들이 주요 공산품 수출국이지만 원료와 농산물에 대해선 수입국인 국제적 질서 때문이었다. 예를 들어 1929년 경제 위기 전까지만 해도 국제적 분업에 따라 라틴 아메리카의 주요 국가들은 그들의 농산물과 원료를 수출하고, 공산품을 수입하는 위치에 있었다. 하지만 그 주요 국가들의 무역 균형은 대공황 이후 흔들리기 시작했다. 전후 몇몇 라틴 아메리카 국가들의 급속한 성장은 보호무역주의 정책을 방패로 삼아 수입을 대체하고 자국 영토 내에서의 생산을 증가시키며 이루어졌고, 그러한 정책은 보호무역주의에 반대하는 세계적 흐름이 더욱 강화되기 이전인 1970년대까지 지속됐다. 사실 보호무역주의 반대 흐름은 오늘날 WTO의 이전 체제인 GATT관세무역일반협정에 의해 제2차 세계대전 후반부터 나타나기 시작했다. 1947년 첫 번째 제네바 라운드를 시작으로 라운드라 통

■ 상자 4.1

## 자본의 자유로운 이동성과는 정반대인 외환 관리

말 그대로 외환 관리는 외환 거래 활동 규제를 일컫는다. 외화는 그 통화를 사용하지 않는 나라에서는 보유될 수도 사용될 수도 없었다. 즉 외화는 각 나라의 고유 화폐 단위로 환전되어야 했으며, 외화가 필요한 경우에는 그에 알맞은 요구 조건이 필요했다. 환전은 정부에 의해 승인된 기관에 의해서만 실행될 수 있었다. 프랑스의 경우 외환 관리는 제1차 세계대전 후 임시적인 형태로 도입되었다. 그후 외환 관리는 1939년에 재도입되어 1967년과 1968년 사이의 짧은 기간 동안 임시적으로 중단되었다가 1984년까지 지속되었으며 1989년에 철폐되었다. 외환 관리 시스템은 특히 대외 무역 관련 결제, 소득 지불(예를 들어 들어오거나 나가는 이자), 자본의 이동, 외국으로의 직접적인 투자, 외국 여행을 위한 환전 등 전반적으로 모든 외환 활동에 적용되었다. 즉 이는 자본 이동에 대한 통제에 비하여 매우 포괄적이었던 것이다.

칭되는 참여국 간 아홉 번의 협정 중 일곱 번의 협정이 신자유주의가 나타나기 이전에 체결됐다. 결국 국제 무역의 자유화는 신자유주의적 세계화로 나아가는 발걸음이었던 것이다.

금융적 측면에서는 1950년대 후반부터 뉴욕과 런던을 중심으로 금융 부문의 영향력을 회복시킨 간과할 수 없는 동역학이 국제적 수준에서 나타나기 시작했다. 그 동역학은 '유로 마켓'으로부터 시작되었는데, 실제적 또는 가공적으로 자국 영토에서 벗어난 곳에 위치한 은행들의 활동을 뜻한다. 1957년 국제적 지불 위기를 계기로 런던에서 이러한 활동이 시작되었다. 당시 미국의 거대 은행들은 특정 수준의 준비금을 유지하라는 요구와 이자율의 한도 설정이라는 중앙은행의 규제를 회피하고자 했는데, 국제적이고 상업적인 거래 수단으로서 유로 마켓이 필수적이었다. 유로 마켓의 등장에 당황한 미국 정부는 외국에서 이루어지는 달러의 축적을 걱정하고 있었다. 즉 미국은 유로 마켓을 통해 세계에 나가 있는 달러 총량을 안정화하려 한 것이다. 이처럼 세계적 금융 기관에 의해 행해진 새로운 실천의 확대는 점진적으로 자본 이동에 대한 통제를 더욱 힘들게 했다. 결국 자본의 자유로운 유통과 민간 국제 금융 기관의 재구성을 통해 자유 무역이 완성되기에 이르렀다.

미국의 무역 균형이 안정적인 상태로 유지되는 동안 브레턴우즈 협정이 세계 경제를 지배하게 되었다. 그 협정에 참여한 국가들은 해당 국가의 화폐를 달러에 대해 평가 절상 또는 평가 절하하며 조정했다. 하지만 1960년대 후반 들어 미국이 달러를 평가 절하하려 할 때 혹은 더 정확하게는 상대국의 화폐가 달러에 대해 평가 절상되도록 시도할 때 문제점이 나타나기 시작했다. 위기가 임박하자 금태환 요구의 증가로 인해 1971년 8월 금태환이 정지된다. 결국 브레턴우즈 체제는 붕괴되었고, 그 후 주요 선진국들에서 변동 환율제가 시행되었으며, 금-달러 본위제 또한 붕괴되었다. 이어서 새로운 체제가 1973년 대통령 경제 보고서에 등장한다. 즉 자본의 국제적 이동이 자유로워진 것이다. 연방준비제도이사회(연준)는 새로운 조치에 반대했지만, 일시적일 뿐이었다. 달러 위기에서 벗어나기 위한 본래의 안정화 장치를 연장하는 브레턴우즈 체제의 개혁으로 이어진 것이 아니라 신자유주의 세력이 그 벌어진 틈을 비집고 들어온 것이다. 그러한 '외환 시장'(거대한 금융 기관들 사이의 국제적 거래가 이루어지는)에서 일어나는 환율 변동이 1973년 공식화되었다. 또한 미국은 1974년부터 자본 이동의 자유화를 향한 방향으로 나아갔으며, 1979년 영국이 이에 동참했다.[23] 계급이자 제도로서 금융이 세계 경제의 주요 축이 되었으며, 이는 전후 시작되어 점진적인 복귀 과정을 거친 것이었다.

---

**23** 미국에서는 자본 수출에 대한 제한을 세금 부과, 즉 이자율 평형세라는 장치를 통해 실행하고 있었다. 이는 외국에 대한 금융 투자의 수익성을 감소시키기 위해 부과됐던 것이다.

## 전후 사회적 타협의 와해

국제적 수준에서 일어난 금융 부문의 복귀와 더불어 1970년대 경제 위기의 첫 번째 징후는 미국, 유럽을 비롯한 전 세계에서 나타났다. 세계화–금융화의 논리는 미국과 영국이라는 두 거대한 영미권 국가에서 상당히 강렬하게 나타났다. 영국은 그 산업적 우위를 오래 전에 상실했지만, 20세기 초반까지 런던 시티가 갖고 있던 거대한 금융적 토대를 회복하려고 했고, 금융과 산업의 절대적 강대국이었던 미국은 국제적 수준에서 금융을 통해 열린 틈새로 자신을 던져 넣었다. 결국 모든 곳에서 사회적 타협은 분열되었다. 프랑스의 기업가들은 결국 세계화라는 달콤한 유혹을 더는 견뎌낼 수가 없었다. 정치적 측면에서는 거대 정당의 지도자들이 그러한 세계화적 흐름에 우호적이었으며, 프랑스의 사회당도 같은 입장이었고, 세계화에 현대화라는 이미지를 덮어 씌웠다. 즉 사회주의당은 프랑스가 초민족적 사회의 네트워크 안에서 주요 국가 위치를 점해야 한다는 입장을 취한 것이다. 그러한 결정적 첫 발걸음은 사실 1980년대 초반에 시작됐다.[24] 국제적 사회 질서에서 강대국의 위치를 새로이 잡아야한다는 계획에 의해 사회적 타협은 그 영혼을 상실한 것이다.

---

[24]  R. Abdelal, 《Capital Rules: The Construction of Global Finance》, Harvard University Press, Cambridge, 2007.

## 5장

# '1979년의 격변'에서 2008년 경제 위기까지

신자유주의에는 역사가 있다. 1973년 칠레의 피노체트와 1976년 아르헨티나의 비델라<sup>Videla</sup>와 같은 라틴 아메리카 대륙의 독재자들 그리고 1979년의 마가렛 대처와 1981년의 로널드 레이건까지, 우리는 새로운 사회 질서의 수립과 많은 국가로의 확장을 목표로 하는 과정의 시작을 볼 수 있었다. 이러한 동역학은 세계적인 수준에서 헤게모니를 확장하고 지속하기 위한 초강대국 미국의 야망과 긴밀한 관계가 있다. 즉 미국 헤게모니 아래의 신자유주의인 것이다.

### '1979년의 격변'과 1980년대의 규제 완화, 주변국의 부채 위기와 중심국의 금융 위기

미국 연준의 의장이었던 폴 볼커는 레이건 정부 출범 전인 1979년 후반 인플레이션 억제를 위해 이자율을 10% 넘게 인상하기로 결정했다. 경제적 측면에서 보면, 그러한 결정은 새로운 사회 질서로 들어가는 상징적인 역할을 한다. 인플레이션이 채권자에게 불리하며, 금융 소득이 가장 낮은 수준에 머물고 있었다는 것을 문제 삼았던 신자유주의적 논리에 기초한 결정이었다.[25] 1950년대부터 인플레이션을 반영한 실질 이자율은 2~3% 사이에 머물렀으며, 1975년도에는 이자율이 심지어 마이너스였다. 1979년 이자율 인상 결정과 더불어 1980년대에는 상위 등급 기업에 대한 10년 만기 대출의 연평균 이자율이 6.6%로 상승했으며, 30년 만기 주택 담보 대출의 이자율은 7.9%까지 높아졌다. 이러한 이자율 인상 결정은 경제 전반의 개혁을 수반했다. 예를 들어 통화 정책의 이행에 있어서 연준의 힘은 더욱 강화되었으며, 개혁의 목표는 물가 상승 억제였다. 또한 규제 완화라는 전반적 맥락에서 나타난 개혁적 조치들이 존재했다.

'1979년 격변'은 인플레이션을 완화시켰지만, 제3세계 국가의 외채 위기와 같은 극적 결과를 초래했다. 제3세계 국가들은 1970년대 약간 높은 이자율의 변동 금리하에서 이루어지는 해외 자금 조달에 대한 의존도가 높아지고 있었으며, 이는 차입 국가들에 상당한 위험 부담이 되었다. 단기 부채의 증가는 이미 악화되는 상황이었다.

---

**25** G. Duménil et D. Lévy, 《Crise et sortie de crise: Ordre et désordres néolibéraux》, PUF, Paris, 2000. (《자본의 반격》, 이강국·장시복 옮김, 필맥, 2006.)

1980년대 초반 제3세계 국가들이 경기 후퇴로 진입했고, 이는 미국 경제 활동에도 영향을 끼쳤다. 결국 이자율 상승에 의해 1982년 멕시코는 국가 부도 상태에 빠졌으며, 주변국도 그러한 어려움을 겪게 되었다. 이와 같은 배경으로 라틴 아메리카 대륙에서 1980년대는 종종 '잃어버린 10년'으로 불린다.

규제 완화의 물결과 더불어 이자율 상승으로부터 비롯된 여러 가지 결과가 미국에서 나타나기 시작했으며 이는 거대 금융 위기를 일으키게 되었다.[26] 1980년대 후반 들어 1만 4,500개였던 은행과 3,400개의 저축 대부 조합(주택 금융 기관) 중 1,400개의 은행과 1,200개의 저축 대부 조합이 파산하거나 공공 기금에 의해 구제되었다. 1932년과 1933년에 겪었던 대재앙과 같은 경제 위기 시나리오를 두려워한 당국은 적극적 개입에 나섰다. 그러한 위기는 미국에만 국한되지 않았다. 규제 완화라는 전반적인 배경 안에서 뱅크런 사태가 스칸디나비아 국가들에까지 영향을 끼치게 되었다. 즉 1990년대 초반에 핀란드는 국내 총생산의 8%에 달하는 자금을 은행 시스템 구제에 투입했다.

---

26  Ibid., chap. 18.

거대한 분기  ●

## 1990년대의 경제 위기와 신자유주의 전파의 거대한 물결

라틴 아메리카 국가들에서 노동자들의 구매력 감소와 독재 정치라는 사회정치적 환경 이외에도 신자유주의 체제로의 방향 전환은 매우 고통스럽고 혹독한 경제 위기를 빈번히 초래했다. 첫 번째로 1994년부터 1995년까지 위기를 겪은 멕시코의 예를 들 수 있다. 1980년대 강력한 인플레이션 이후 멕시코는 IMF에 의해 부과된 예산 적자의 축소, 민영화, 규제 완화 등과 같은 신자유주의적 정책을 따르게 된다. 이에 더해 1992년에는 멕시코 경제의 세계 경제를 향한 방향 전환의 일환으로 북미자유무역협정NAFTA이 체결되었는데, 이로 인해 1994년부터 멕시코 경제는 미국, 캐나다와 매우 밀접한 관계를 맺게 되었다. 이는 결국 멕시코에 대재앙을 초래했다. 멕시코의 대외 무역 적자는 증가했으며, 외국 자본 이탈이라는 위험에 더해 통화 가치는 하락했다. 1994년에 들어 멕시코 경제는 바닥을 치는데, 이로 인해 농촌 인구 이탈과 빈곤 증가가 나타났다. 더 이상 뒤로 돌리기는 불가능했다. 결국 멕시코에선 부패와 마약 밀매가 거침없이 증가하는 처참한 결과가 나타났다.

멕시코와 비슷한 경제 위기는 1997년 7월부터 태국, 필리핀, 말레이시아, 인도네시아, 한국, 대만, 싱가포르 그리고 홍콩과 같은 동남아시아의 여러 국가에서도 나타났다. 그 후 위기의 물결은 러시아, 아르헨티나, 인도 그리고 브라질과 같은 신흥국에서도 이어졌다. 그

중 상당히 혹독했던 아르헨티나의 경제 위기는 신자유주의 전파 과정의 특성을 시사하는 사례로 볼 수 있다. 외국 기업에 대한 국가 산업 매각 및 미국으로의 투자 기금 이동을 초래한 중심부 세력의 헤게모니적 기획과 자본가 계급의 협력이 1990년대 주요 특징이라고 할 수 있다. 아르헨티나 정부는 미국 달러화 대 페소화의 환율을 1대 1로 고정하는 태환 정책을 실시하면서 유효한 모든 거시 경제적 정책을 포기하게 되었다. 그러한 정책의 부작용은 2001년 들어 급증했으며, 심각한 사회적 문제와 대립이 나타나게 되었다.

일본 경제 또한 신자유주의적 형태로 변환을 겪는데, 일본의 예에서도 우리는 많은 것을 볼 수 있다. 애초에 일본 경제는 국내 이자율이 다른 나라들과 마찬가지로 상승했음에도 불구하고 1979년의 충격에 의해 약간의 어려움만 겪었을 뿐이었다. 하지만 1980년대 중후반기에 들어서 경제 형태의 변화가 나타나기 시작했다. 즉 비금융 기업에 있어서 자금 조달의 원천이 은행 대출에서 회사채 및 주식과 같은 금융 시장으로 방향이 전환되었으며, 기업 경영 방식은 신자유주의적 목표로 방향 전환이라는 이중적 결과로 이어졌다. 결국 금융 시장에 거품이 나타나게 되었으며, 일본 경제는 긍정적 수출 성과에도 불구하고 낮은 성장률을 나타내며 침체에 빠지게 되었다.

## 1990년대 중후반
## : 미국 헤게모니 아래서 만개한 신자유주의

1980년대 미국 경제의 성적은 대단치 않았다. 1980년대는 금융 기관의 위기와 그리 심각하지는 않았지만 지속적인 효과를 갖는 1990년의 경기 후퇴로 끝나게 되었다. 신자유주의적 캠페인이 뚜렷하게 위태로워졌지만 이에 결정적인 영향을 미친 새로운 사건이 발생했다. 그것은 1990년대 중후반 나타난 거대한 신기술의 발전이었다. 본래 미국에 집중되었던 신기술의 급성장은 미국 내 이례적인 투자 바람을 일으켰다.[27] 몇 년간 국내 총생산은 약 4%의 성장률을 기록했으며, 정부 재정상의 흑자 행진이 이어졌다. 그리고 특히 주로 벤처 기업들로 구성된 나스닥 등의 주식 시장이 급성장했다.

이에 여러 경제학자들은 미국 헤게모니 아래 신자유주의가 찬란하게 개화했다고 감탄하곤 했다. 왜냐하면 반복적인 경제 위기를 겪는 주변 국가 및 정체 상태에 있는 일본과는 대조적으로 미국 경제가 급속히 성장했기 때문이다. 하지만 2000년도에 들어서서 미국의 기술 발전에 의한 급성장은 갑자기 멈췄다. 결국 미국 경제가 경기 후퇴에 들어서게 되었고, 주식 시장은 신자유주의 체제 이후 처음으로 상

---

27  빌 클린턴Bill Clinton의 집권 기간(1993년 1월~2001년 1월)이 정확히 이러한 경제 번영 기간과 일치한다.

당한 추락을 겪었으며, 수직 상승하던 경제 성장은 멈추었다.

1990년대 중후반 다시 돌아온 미국 경제의 번영은 결국 현실의 감춰진 경향을 숨기는 연막과 같은 성격을 띠었던 것이다. 2000~2001년의 경제 위기를 통해 1980년대와 1990년대 많은 나라에서 일어났던 폭력적 상황이 재출현했고, 허울 좋은 평가들로 가려져 있던 본질이 드러나게 되었다. 이에 의하여 미국 헤게모니 아래에서 숭배돼 온 신자유주의를 의심하게 되었고, 저항이 나타나기 시작했다.

## 세계화의 전개와 신자유주의적 세계화

신자유주의는 선진국들로부터 시작되어 세계화 과정을 가속화했다. 심각한 위기에도 불구하고 신자유주의는 많은 나라에서 세계 경제 내 유리한 위치를 점할 수 있다고 선전되었다. 노동 비용이 낮은 나라들이 생산의 지정학적 재분배에서 이익을 얻었으며, 그중 원료를 소유한 국가는 원료의 판매로 혜택을 얻을 수 있다고 했다.

하지만 에콰도르, 볼리비아, 베네수엘라 그리고 다소 애매하지만 아르헨티나와 브라질은 강대국들 및 신자유주의적 정책들과 거리를 두고 있었다. 예를 들어 미국이 야심차게 주도한 미주자유무역지대FTAA를 통해 이전에 멕시코에 불어닥쳤던 결과가 라틴 아메리카 대륙에서 나타날 수도 있었지만, 2005년 아르헨티나의 마르 델 플라

타에서 열린 미주수뇌회의Summits of the Americas에서 그 합의가 결렬되고 말았다. 이 회의에는 미국의 조지 부시 대통령도 참석했다. 또한 2006년에는 일부 주변부 국가들이 더욱 확장된 무역 자유화를 목표로 하는 도하개발라운드 추진에 반대 입장을 취했다. 이러한 저항들은 신자유주의적 세계화를 옹호하는 IMF의 활동을 일부 위축시키기도 했다.

한편, 세계화로의 통합과 신자유주의적 전략이 분리된 대표적인 예로 중국을 들 수 있다. 중국은 값싼 인건비와 특정한 중국적 '질서'를 내세워 자국 내 해외 투자를 유치하는 데 성공했다. 동시에 중국은 고유의 발전 전략을 갖추고 매우 빠른 속도로 국제 투자 부문에 뛰어들었다. 중국의 경제 및 사회적 통치 방식은 자유주의적이라고 말하기 어렵다. 예를 들면, ① 중국 통화인 인민폐의 환율과 거래에 대한 통제, ② 자본 이동의 통제, ③ 정부가 전반적으로 소유한 은행 시스템, ④ 금융 시장 관리, ⑤ 공기업 분야에 집중된 산업 정책 등이 있다. 이러한 형세가 후에 어떻게 될지는 앞으로 지켜봐야 할 것이다.

## 금융화, 규제 완화 그리고 세계화
### : 미국 경제의 증가하는 불균형

신자유주의는 금융화, 규제 완화, 세계화라는 세 개의 축 위에 세워졌다. 금융 피라미드에는 거대한 취약성이 있었는데, 국내 · 국제적 수준에서 부과할 수 있는 최소한의 규제적 심급조차 존재하지 않는 상태였다.

게다가 미국 경제의 불균형 증대로 미국 경제 자체는 물론이고 세계 경제도 상당한 위협을 받았다. 이러한 경향의 중심에는 투자의 점진적 둔화와 그에 따른 고정 자본 스톡(건설이나 생산 설비) 성장률의 감소가 존재했다. 1965년과 1978년 사이에는 고정 자본 스톡 성장률이 3% 이내의 흐름을 이어갔지만, 그 후 과열이나 후퇴와 같은 경기 순환의 충격을 겪으며 오늘날에는 1%를 약간 넘는 수준으로 감소했다(투자 감소 경향이 설명된 [그림 9.3] 참조). 이러한 고정 자본 스톡 성장률의 감소는 고소득자들에 국한된 소비 성장으로 이어졌다.

외국으로의 산업 생산 이전과 경제 개방으로 미국의 대외 무역 적자는 꾸준히 증가해 2008년 경제 위기 이전인 2006년에는 국내 총생산의 5.6%까지 도달했다. 그리고 다른 국가들에 대한 미국 경제의 의존성은 외국으로의 달러 유출과 함께 더욱 커졌다. 또한 달러의 금태환이 중지된 상태에서 달러를 보유한 외국인들이 수익을 얻을 방법은 달러를 이용한 투자밖에 없었는데, 2008년 전까지만 해도 그러한 투자들은 주로 민간 분야에서 이루어졌다. 즉 미국을 제외한 나머지 국가들은 간접적으로 미국의 소비를 지원하고 있었던 것이다. 외국인들의 총자산은 미국 GDP의 110%까지 도달했는데, 이는 전 세계에 있는 미국인의 자산이 미국 GDP의 60%에 그쳤던 것과는 대조적이다. 경제학자들은 그러한 불균형에 내재된 위협을 깨닫기보다는 미국 경제의 매력을 강조했으며, 그로 인해 전 세계는 미국 경제를 매우 매력적인 투자처라고 여기고 있었다.

이러한 지속 불가능한 궤적의 특징은 단순한 거시 경제적 메커니즘에 기인한다. 예를 들면 다음과 같다.

1) 한 국가가 지속적인 대외 무역 적자를 겪을 때, 기업이 지급한 이자, 배당금, 급여와 같은 소득의 총합은 그 기업들에 대한 수요와 완전히 일치하지 않는다. 왜냐하면 수입 재화 소비에 쓰인 소득 부분이 존재하기 때문이며, 이는 수출로만 부분적으로 상쇄될 수 있다.

2) 결국 국내 생산을 하는 기업들은 구조적으로 수요가 부족하다.

3) 이로 인해 경기 후퇴가 발생하는 것을 막기 위해서는 중앙은행이 유연한 통화 정책을 실시해야만 한다. 통화 정책의 유연성은 국가적 행위 주체가 수요를 소득 이상으로 증가시킬 수 있게, 다시 말해 부채를 증가시킬 수 있게 해준다. 다만 그러한 수요의 일부는 외국에 대한 것이다.

4) 2000년대 미국에서 신자유주의적 정책들은 재정 적자에 대한 제한을 두어 정부 부채를 안정화시키면서 수요를 유지하기 위한 과감한 규제 완화로 가계 부채를 조장했다.

5) 증가하는 대외 무역 적자 경향은 미국 가계 부채를 매년 증가하게 만든다.

# 2008

## : 결말

2008년에 시작된 폭넓은 경제 위기 현상에 대한 설명에는 많은 논쟁이 있다. 각각의 학파들은 자신들의 이론에 근거해 경제 위기 현상에 대한 설명을 시도했고, 그것은 결국 정책적 선택지와 관련된 것이었다[상자 5.1]. 사실 2008년 경제 위기에 대한 유일하고 단순한 원인은 존재하지 않지만, 우연적인 영향으로는 설명되지 않는 일련의 결정적 요인을 우리는 볼 수 있다. 경제 위기가 미국 헤게모니 아래에서 진행된 신자유주의로부터 기인한다는 데에는 의견이 일치하는 듯 보인다. 즉 경제 위기는 잘못된 방향으로 나아간 신자유주의 때문인 것이다.

여기서 우리는 이전에 살펴본 것들을 서로 모아 볼 일만이 남았다. 먼저 통제로부터 벗어난 세계화와 금융화라는 신자유주의의 전반적인 틀이 경제 위기와 관련이 있다. 이러한 측면은 신자유주의적 형태 및 메커니즘의 진행 수준과 상관없이 신자유주의 노선을 택한 모든 국가에서 공통적으로 볼 수 있다. 통제 불가능한 신자유주의적 틀은 어쨌거나 붕괴될 운명이었다.

미국발 충격에는 두 가지 이유가 있다. 우선 미국에서 가장 진전된 수준의 신자유주의가 존재했다는 것이다. 한편으론 가계 부채를 통한 국내 영토에서의 경제 활동 부양이 임계점에 도달했다는 것이

거대한 분기 ●

## 우리가 이번 위기의 원인이라 보지 않는 것들

오늘날 경제 체제의 특징은 시장의 불완전성, 정부의 개입 그리고 무분별적인 위험 부담 등이고, 이것을 경제 위기의 원인으로 보는 사람들이 있다. 이들은 신자유주의적 자본주의의 본질에 대한 정책적 개선이 그 치유책이라고 본다. 말하자면, 이는 자본가들과 기업들의 자유로운 활동이며, 자율적인 규율을 통해 미래의 위기가 모면될 수 있다는 것이다. 어떤 케인스주의자들은 극단으로 향한 무절제한 금융 메커니즘과 규제 철폐가 문제였다고 생각한다. 정책적 측면에서 보면, 중앙적 심급을 통해 자본주의를 관리하고 금융보다는 산업적 방향을 추구하는 것이 쟁점이 된다. 일부 마르크스주의자들은 1970년대의 수익성 위기에 따른 경제 위기의 연장선상에서 2008년의 경제 위기를 설명한다. 즉 이윤율의 비가역적 하락으로 인해 자본주의는 틀림없이 종말에 이르게 된다는 것이다. 마르크스주의와 케인스주의의 경계선상에서 있는 사람들의 경우에는 불충분한 수요로 인한 경기 침체에 주목하고 있다. 왜냐하면 이로 인해 노동자들이 빚더미에 앉게 되기 때문이다. 이외에 다른 이들은 이윤율의 하락이 투자를 금융 부문으로 이끌었는데, 바로 금융 부문의 이윤이 더 높았기 때문이었다고 주장한다. 이들은 금융 부문의 과대한 성장과 그로 인한 금융 위기를 강조하고 있다. 우리는 여러 가지 다른 맥락 속에서 이러한 이론들에 대해 논의한 바 있다.[28]

---

[28] G. Duménil et D. Lévy, ⟨The Crisis of the early 21st century. A critical review of alternative interpretations⟩, 2011. www.jourdan.ens.fr/levy; G. Duménil et D. Lévy, ⟨The crsis of the early 21st century. Marxian perspectives⟩, in R. Bellofiore et G. Vertova, 《The Great Recession and the Contradictions of Contemporary Capitalism》, Edward Elgar, Aldershot, 2014.

다. 그러한 가계 부채는 여전히 국가가 부분적으로 후원하는 부동산 신용 금융 기관에 의해 지탱되었다(미국의 국책 주택 담보 금융 업체인 페니매가 그 대표적 예다). 민간 기업들에 의한 증권화(채권을 판매할 수 있는 채권으로 변형하는)가 불확실한 조건 아래서 점점 확대되었으며, 결국 이를 통해 파생 상품 시장에서의 위험한 거래들이 지속될 수 있었다. 서브프라임 모기지 사태는 제어되지 못한 이러한 거래의 결과였다. 결국 서브프라임 사태는 미국식 신자유주의의 한계를 적나라하게 드러내는 요인으로서의 역할을 한 것이다.

매우 밀접한 상호 관계에 있는 세계 경제로 인해 경제 위기는 결국 세계의 다른 나라들에까지 영향을 미쳤다. 특히 임시적이기는 하지만 이미 미국과 같은 노선을 택한 유럽의 경우, 유럽 대륙의 중심 국가들에 의존적인 대외 무역을 가졌던 그 외의 유럽 국가들이 많은 피해를 보게 되었다. 증권화라는 '유독 물질'이 세계 전체로 퍼져나갔으며, 이는 결국 불난 집에 부채질하는 결과를 낳았던 것이다.

거대한 분기 ●

# 신자유주의에 의한 고난을 겪는 유럽

유럽연합은 주요한 세계 경제 영토 중 하나다[상자 6.1]. 유럽연합은 확실히 신자유주의적 동역학의 이해 당사자이며, 그 중요성에 비해 관심을 받고 있지는 못하다. 여러 가지 질문을 던져 볼 수 있다. 예를 들어 제2차 세계대전 직후 논의된 유럽연합 프로젝트의 의미는 무엇인가? 유럽연합 건설 과정은 신자유주의로 들어서면서 어떻게 수정되었는가? 특히 남유럽 국가를 대표적으로 하는 유럽 대륙 경제 위기의 원인은 무엇인가? 더욱 일반적으로 이야기해 보자면, 그러한 경제 위기는 유럽연합의 회원국에 의한 것인가 아니면 신자유주의에 의한 것인가?

이번 장은 상대적으로 독립적인 세 부분으로 구성되는데, 두 가지 테제와 한 가지 문제를 제기한다.

1) 우선 유럽이 세계대전 이후 서로 타협했던 로마 협약 초기의

계획이 신자유주의적 세계화(그러한 신자유주의적 원리는 마스트리히트 조약에서 최종적으로 수립되었다) 안에서 점진적으로 파기되었다. 이러한 전환은 유럽 건설 프로젝트를 상당히 변질시켰다. 우리가 잘 알고 있듯이 진보적인 정치 대안 중 하나는 그러한 유럽적 프로그램을 다시 정의하는 것이다.

2) 현재 심각한 위기를 맞고 있는 나라들의 상황을 분석해 보면, 과도한 금융화 및 시장에 대한 맹목적 신뢰와 같은 신자유주의적인 타락과 무능한 정책이 강조되고 있으며, 그러한 정책들에 대한 원칙적인 틀을 제공했던 유럽연합 건설 과정의 협정들이 문제시되고 있다.

3) 이 장은 무역과 산업의 성장 측면에서 독일의 성과에 대한 논의로 이어지며, 주로 프랑스 경제와 비교해 서술된다. 최근 두 나라 사이에 분기가 나타났는데, 이 과정에서 제기된 수수께끼를 해결하는 열쇠는 마지막 부분에서 다룰 것이다.

## 로마에서 마스트리히트로
### : 신자유주의적 세계화 속에서 융해된 프로젝트

1957년 로마에서 6개국(독일연방공화국, 벨기에, 프랑스, 이탈리아, 룩셈부르크, 네덜란드)이 유럽경제공동체EEC 수립에 서명했다. 유럽경제공동체는 유럽 지역에서 (관세 장벽을 점진적으로 철폐하는) 공동 시장 창설 및 자본 및 노동자들의 자유로운 이동을 목표로 했으며, 세

가지 영역(교통 정책, 농업 정책 및 공통 관세법)에서 유럽경제공동체의 권한을 정의했다. 새로운 나라들이 차례로 가입하기 시작했고, 1986~1987년에 수립된 단일 유럽 의정서l'Acte unique européen로서 이러한 프로젝트는 일단락되었다.

　모든 조약들은 재검토되었다. 1992~1993년의 유럽연합에 대한 조약, 즉 마스트리히트 조약은 새로운 조항을 도입하고, 낡은 것

■ 상자 6.1

### 국제 사회에서의 유럽연합. 구매력 평가

환율에 의해 여러 화폐의 가치가 과소평가나 과대평가되기 때문에 여러 나라의 경제를 세계적 차원에서 비교하는 것은 어려워졌다. 이러한 이유에서 '구매력 평가'라 불리는 가상 환율의 사용이 필요해졌다. 유로 화폐를 가지고 있는 유럽인 여행자를 예로 들어보자. 여행 방문 국가마다 유로화의 환율이 다르기 때문에 결국 이 여행자는 각 방문국에서의 재화와 서비스에 대한 '평균적'인 구매력과는 다른 구매력을 가지고 있다. 이 여행자가 중국을 방문한다면 이전보다 훨씬 부자가 된 것처럼 느낄지도 모른다. 구매력 평가는 이 여행자가 각각의 다른 나라에서 같은 구매력을 느낀다고 가정한 상태를 전제하는 비율이다. 양적인 효과로서 큰 의미가 있는 것이다. 예를 들어 현재의 환율을 적용한다면, 2012년 미국의 생산 규모는 중국에 1.91배 앞서 있다. 하지만 구매력 평가로 비교하면 1.26배 앞서 있을 뿐이다. 이러한 계량법으로 보면, 2012년의 자료들에 근거해 유럽연합은 세계 GDP의 19.4%, 미국은 18.9%, 중국은 14.9%를 차지한다.

을 대체하면서 로마 조약을 크게 수정했다. 마스트리히트 조약은 암스테르담(1997), 니스(2002), 리스본(2007)에서 재차 수정되었다. 2004~2005년 유럽 헌법 조약 프로젝트(관련 기관들에 대한 조정을 포함하는)가 좌절되었음에도 말이다.

종종 로마 조약을 작성할 때 지배적이었던, 특히 자유주의적 또는 신자유주의적 원칙들에 의문이 제기된다. 하지만 로마 조약은 전후 타협과 관련된 경제·정치적 선택지였다.

1) 로마 조약은 권위주의적 계획화에 반대하는 시장 경제를 명확히 선택했다. 그렇다고 해서 프랑스식 유도 계획이나 강력한 경제 정책 모두를 거부할 수는 없었다.[29] 그것은 '자유롭게 경쟁하는 개방된 시장 경제 원리에 대한 존중'을 내세우는 마스트리히트 조약의 의기양양한 어조와는 확연히 다르다. 우리는 '개방된'이라는 수식어에 주목할 필요가 있다. 그것이 '세계화' 이외에 다른 것을 의미한다고 보기 어렵다.

2) 그 이외에 1957년 이루어지고 개정되지 않은 진정한 로마 조약은 그 무렵 신자유주의적 실천과는 거리가 먼 행위들에 대해 아주 관대한 입장을 지니고 있었다. 자유로운 자본 이동성에 대한 요구는 공동체 국가들로 제한되었고(67조), 동시에 필요에 따라 특정한 규

---

**29** 사람들은 유럽 공동체를 추진한 장본인인 장 모네Jean Monnet가 1945년에서 1952년 사이의 계획을 주도했고 프랑스 계획화의 아버지로 간주되고 있음을 기억할 것이다.

제가 고려되었다. 68조는 공동체 내의 자본 이동 및 자유 무역과 모순을 겪지 않은 수준에서의 외환 통제, 다시 말해 어떤 명백한 제약이 부과될 수 있음을 승인하고 있다[상자 4.1] 참고). 마스트리히트 조약에서 이러한 관대한 입장은 전적으로 선회했다. '이 장에서 주어진 틀에서는 회원국과 회원국 및 그 이외의 나라 사이에서 일어나는 모든 자본 이동에 대한 규제는 금지된다.(73조)' 여기서 '그 이외의 나라'에 주목해야 한다. 마스트리히트 조약은 유럽을 금융 세계화에 삽입하는 것이 목표였고, 이는 프랑스에 꼭 들어맞는 것이었다.

이렇게 하여 로마 조약은 재화와 서비스에 대한 국제 무역, 자본과 노동의 이동이 자유로운 지역을 정의했다. 각 나라들이 이전에 구획했던 경계를 새롭게 정의된 지역의 국경으로 확대하게 되었다. 즉 본질적인 유럽 경제의 실체가 구성된 것이다. 마스트리히트 조약에 관해서는 더욱더 세계화되어 가는 경제에 용해된 '단일 시장'이 의미하는 바를 주목할 필요가 있다. 1990년대에 유럽은 국제 무역의 세계적 흐름, 자본의 이동성 그리고 새로운 사회 질서 출현의 중심부에 위치했다. 대기업의 경영진들은 이러한 변화를 긍정적으로 받아들였으며, 내적 긴장을 반영한 여러 논란들이 나타났다[상자 6.2].

유럽은 차차 확장됐고 이질적이게 되었다. 유로존 내의 다양한 화폐의 존재는 임박한 문제였다. 국제적 경쟁의 잠재적 효과가 매우 불균등하게 회원국들의 사회-경제적 구조에 부과되었고, 아주 다른 구조적 인플레이션율과 발전 정도에 영향을 미쳤다. 주기적인 방식으로 이루어져야 하는 환율의 필수적 조정과 그것이 미래 수준에 부과하는 불안정성은 유럽 내부의 무역과 공동체의 다른 국가들 내에 있는 신용 및 투자와 관련된 기업들의 계획을 교란했고, 따라서 공동체가 지향하는 통합의 장애물이 되었다. 이

■ 상자 6.2

### 유럽산업인원탁회의

유럽산업인원탁회의European Round Table of Industrialists(ERT)는 약 50개 이상의 유럽 비금융 분야 대기업의 경영진으로 재구성된 조직이다. ERT는 1980년대 초에 만들어졌는데, 그 때의 구성원 수는 17명이었다. ERT의 역사는 유럽의 신자유주의적 변형을 매우 잘 반영한다.

ERT는 미국과 일본 경제에 유리하도록 만들어진 틀에 갇혀 있지 않겠다는 유럽 대륙 기업들의 열의에 부응하고자 만들어졌다. 그 조직 안에서는 서로 다른 두 가지 경향이 득세했다. 한 연구에 의하면 그 두 가지 경향은 각각 '유럽주의자'(혹은 '신중상주의자')와 '세계주의자'로 일컬어진다. '유럽주의자'는 유럽 산업 정책의 실행(공동 농업 정책과도 같은)을 주장했는데, 이의 목적은 국경 보호 정책 등을 통해 세계적 경쟁으로부터 임시적으로나마 안전한 결과를 만드는 데에 있었다. 1990년대 들어 조직 내에 세계주의자들이 출현했고 몇몇의 '유럽주의자'들이 마스트리히트 조약으로 이끈 변화의 논리 속에서 신자유주의적 경향에 맞춰 세계주의적으로 전향함에 따라 '세계주의자'가 ERT 안에서 우세한 위치를 차지하게 되었다.

러한 여러 가지 어려움들 때문에 그것을 치유할 수 있는 장치들이 있어야 한다는 인식이 생겼다. 이는 유럽 변동 환율 제도Le serpent monétaire européen(1972~1978년)[일명 스네이크 체제]와 유럽 화폐 체계(1979~1993년)로 이어졌다. 그런 메커니즘의 목적은 대략 일정한 환율의 확립에 있었다. 본래 계획의 배경에서 보자면, 마스트리히트 조약에 의해 시작되어 1999년에서 2002년에 걸쳐 실현된 단일 통화 제도는 자연스러운 보완책과 같이 나타났다.

유로화의 창설과 함께 나타난 여러 조치들로 인해 유럽 주변 국가들에겐 신자유주의적 선택지밖에 없었다. 마스트리히트 조약의 표준 규율들이 강요되었으나 거시 경제 정책(재정 정책 및 화폐 금융 정책)을 다양한 국가들의 이질적 상황과 조화시키려는 노력은 드물었고, 이는 결국 경제 위기라는 극적인 결과를 야기했다. 즉 신성불가침한 자유 경쟁이라는 이름하에 발전 정책, 특히 산업 정책들은 거의 사라지게 되었다. 그 와중에 유럽 예산의 일부로 유럽지역발전기금 FEDER(Fonds Européen de Dévelopment Régional)과 같은 여러 다양한 프로그램이 만들어질 수 있었다.

아주 일반적인 수준에서 전반적으로 유럽을 보자면, 특히 유럽의 성장 속도를 고려할 때 유럽이 오늘날 신자유주의의 동역학 한가운데 자리 잡고 있음은 명백하다. 미국과 마찬가지로 유럽연합 지역에의 투자는 감소하는 경향을 보인다. [그림 6.1]은 1985년에서 2012년 사이의 유럽연합의 비주택 고정 자본 순투자를 국내 총생산의 비

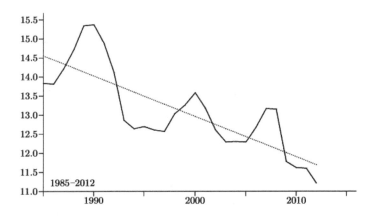

■ 그림 6.1

**고정 자본에 대한 투자(GDP 대비 %): 유럽연합**

투자는 전체 경제 부문에서 설비 투자와 비주거용 건물 건설의 총합이다.

율로 보여준다. 이러한 비율이 3%포인트 감소했으며, 그 사이에 3 개의 큰 순환 주기가 나타났음을 확인할 수 있다.

### 경제 위기 이전 그리고 경제 위기에 이르기까지
### : 스페인의 사례

이번 절에서는 남유럽의 여러 나라가 따른 경로를 종합적으로 평가 하기보다는 많은 정보를 얻을 수 있는 스페인의 사례에 집중하도록 한다. 즉 스페인 사례를 통해 2008년 경제 위기 이전 수십 년간 이 나라가 이룬 주목할 만한 경제 성과들, 경제 위기를 초래한 긴장 및 불균형의 증대와 그 중요성을 동시에 살펴보겠다. 그렇다고 하여 여러 사건들을 경제 위기 이전과 이후의 순서대로 연대기적으로 설명하지는 않을 것이다. 왜냐하면 이번 경제 위기가 가진 특정한 성격들이 이전 사건들과 관련된 중요한 정보들을 회고해 주기 때문이다.

2008년 이전까지 스페인은 모든 면에서 괜찮았다. [그림 6.2]는 그리스, 스페인, 프랑스, 독일의 1980년 이후 GDP를 보여준다. 스페인은 비교적 높은 경제 성장을 이루었으며, 그 속도는 유럽연합의 두 선도적 국가라 할 수 있는 프랑스와 독일보다 훨씬 빨랐다(그리스도 스페인과 비견할 만한 성과를 달성했다). 그 4개 국가들 사이의 성장 속도와 격차는 유로 화폐 제도의 수립에 큰 영향을 받지는 않았다. 스페인은 공업이 매우 발달한 국가다. 2007년 스페인의 산업 부문[그림 6.3] 참조 _ 옮긴이)은 GDP의 17.3%를 차지했는데, 이는 프랑스의 경우보다 더 높은 비율이다. 건설 부분을 제외한다고 하더라도 스페인이 가지는 투자율(GDP 대비 투자의 비율)은 프랑스나 독일보다는 매우 높은 수준이었다. 스페인 정부가 보유한 채무는 매우 적었고, 게다가 감소 추세에 있었다. 위기 이전에 GDP의 40%에 불과한 상당히 적은 수준의 공공 부채가 존재했다. 실질 임금의 경우에는 약간 복잡한데, 1985년부터 1991년 사이에는 가파른 증가율을 보이다가 2006년까지는 다소 부진한 모습을 보였다. 이후 경제 위기 직전 3년간의 호황 기간에는 다시 현저히 증가하는 모습을 보였다.

**유럽 4개국의 GDP(지수, 2007=100): 독일, 프랑스, 스페인, 그리스**

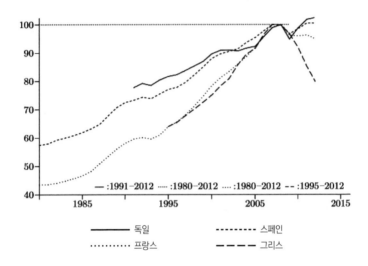

위에서 살펴본 것과 같이 스페인의 긍정적인 정세를 고려했을 때, 스페인에 불어닥친 혹독한 경제 위기는 독일이나 프랑스와 비교하면 놀랄 만하다. 경제 위기의 깊이는 남유럽뿐만 아니라 다른 유럽 국가들이 겪은 것과 마찬가지로 산업 분야 붕괴에서 명확히 나타나고 있다. [그림 6.3]은 남유럽 4개 국가의 산업 생산 지수를 보여주는데, 여기서 우리는 20%에서 30%까지 추락한 것을 확인할 수 있다.

우리는 경제 위기 전의 급속한 성장과 산업 부문의 격렬한 쇠퇴 사이에 특별한 관계가 존재한다는 점에 주목하고 있다. 한 경제가 매우 급속하게 발전할 때, 스페인의 경우에서 볼 수 있듯이 모든 기

**남유럽 4개국의 산업 생산(2007~2008 최대치=100):**
**스페인, 이탈리아, 그리스, 포르투갈**
산업은 제조업, 채광업, 전기 및 가스를 말하며, 건설은 제외했다.

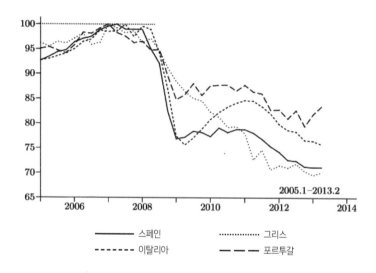

업들은 같은 속도로 현대화되지 않는다. 즉 같은 산업 분야 안에서
도 특정한 기업은 가장 현대적인 기술에 투자함으로써 경쟁력을 갖
추는 반면 다른 특정한 기업들은 구시대적 방식을 고수하는 것을 볼
수 있다. 이 정도로 산업 생산이 후퇴하게 된 원인은 이전의 경쟁력
없는 부문들이 갖는 상대적 중요성과 그 부문의 붕괴와 관련이 있고,
그것은 산업 부문들 내부에 존재하는 강력한 이질성을 보여주는 것
이다. 그러한 성격 규정은 유럽연합에 합류한 후 급속한 변동을 겪

은 스페인 경제에 대한 설명으로 잘 들어맞는다.

그러한 정세에 대한 해석은 3가지 관찰에 의해 확인된다. 첫 번째로 스페인 산업의 노동 생산성은 경제 위기 전까지만 해도 꾸준히 증가했다. 모순적인 점은 경기가 후퇴할 때에도 노동 생산성의 성장은 계속 진행되었다는 것이다. 그러한 성장의 가속화는 생산 환경의 급격한 변화에서 기인한다는 것에 의심의 여지가 없다. 즉 실제로 생산성이 낮은 비경쟁적 부문의 쇠퇴가 있고, 전반적 생산성 측면에서 더욱 경쟁력을 갖춘 분야가 그 자리를 차지하게 된다. 예를 들어 설명하자면, 한 학급의 평균 수준을 높이기 위해서 교육 방법을 쇄신하는 것보다 훨씬 빠른 방법인, 성적이 저조한 학생들을 그 학급에서 제외시키는 것과 같은 것이다. 두 번째로는, 경제 위기 전까지만 해도 거의 0에 가까웠던 파산 기업의 수가 2008년부터 놀랄 정도로 솟구쳤다. 이러한 붕괴는 일자리에 영향을 끼쳤으며, 결국 실업률의 폭발적인 증가를 야기했다. 마지막으로 스페인의 무역을 살펴보자면 2008년 이후 수출은 감소하지 않았으며 오히려 상당히 증가했다. 즉 스페인의 무역 비중은 2008년 국내 총생산의 17.6%에서 2012년에 21.8%로 4%이상 증가했던 것이다. 그러한 수출의 증가는 공산품(국내 총생산의 2.5%)과 원료(1.8%) 두 가지 분야에 집중되었다. 이는 경제 위기에도 불구하고 수출이 증가했으며, 아마도 가장 역동적이었음을 보여준다.

급격한 경제의 변모, 그 안에 존재했던 경제의 이질성과 뒤이은 심각한 위기라는 상황을 1929년 미국 경제의 위기와 유비해 볼 수 있다. 거대 기업들이 19세기 초반부터 20세기 초반까지 삼중의 혁명을 이룩한 부문과 전통적 부분이 공존했던 것이 바로 1929년 미국 경제 위기의 근본적 요인들이었다. 경기 후퇴와 더불어 반트러스트법에 의해 보호되어 번영기를 누린 전통적 부문은 붕괴되었다. 강력한 거시 경제 부양책과 특별한 지원 대책의 부재로 경제는 침체기에 접어들었다. 스페인의 경제 위기에는 첫째, 급격한 기술-조직적 변화와 연결된 강한 이질성, 둘째, 경제에 대한 빈약한 지원이 공존하고 있다. 산업 생산의 쇠퇴와 프랑스를 포함한 여러 다른 유럽 국가에서 나타난 지속적 쇠퇴는 더욱 확대된 영역에까지 영향을 미쳤다.

우리는 이제부터 스페인 경제의 취약성에 대해 살펴볼 텐데, 그것은 유럽 건설 과정에서 나타난 결합 및 신자유주의적 지향성, 특히 경제의 금융화와 상당히 관련되어 있다.

1) 스페인은 상대적으로 물가 상승률이 높았다. 유로 화폐의 도입 이후 물가 상승률은 4% 사이에서 지속되었다(독일의 경우는 1%, 프랑스는 2%). 명목 임금 또한 동시에 상승했으며, 수출 가격은 프랑스나 독일의 경우보다도 더욱 높은 상승을 보였다. 2000년에서 2007년 사이에 스페인의 수출 가격은 1%나 2%의 상승을 기록한 독일과 프랑스의 경우와는 달리 16%의 상승을 보였으며, 따라서 재화와 서비스에 대한 무역 수지는 심각하게 악화했다. 이외에 또 다른 국제적인 금융적 흐름들을 고려할 때, 우리는 명백히 지속 불가능한 수준인

GDP의 10%에 달하는 스페인의 경상 수지 적자를 이야기할 수 있다. 하지만 현재 유로화를 사용하는 스페인이 만약 자국 통화를 계속 사용했더라면 외환 보유액의 급감은 겪지 않았을 것이다. 유로화를 평가 절하하는 것은 불가능해 다른 강력한 정책들이 필요했지만, 이는 시장이 모든 경제 문제를 해결해 줄 것이라는 신념을 바탕으로 한 유럽연합 설립의 양태로 보았을 때 이루어지기 힘든 것이라고 할 수 있었다.

2) 경제 위기를 겪기 전 몇 년 동안 스페인은 부채 증가 및 신자유주의적 세계화라는 과정에 종속되어 있었다. [그림 6.4]는 국내 총생산 대비 가계와 비금융 회사의 부채 비율을 보여준다. 1990년 후반부터 부채 비율이 급등하다 2009~2010년 각각 GDP 대비 125%와 86%로 절정에 달하게 되었다. 그러한 비금융 회사 대출의 상당 부분은 신자유주의적 특징을 보여 주는 자사주 매입 등의 주식 거래에 사용되었다. 다시 말해 무역 적자와 더불어 나타난 또 다른 치명적 경향이었던 것이다. 오늘날 스페인과 유럽에서 상환 불능 부채 부분이 금융 기관에 큰 위협이 되었으며, 유럽 당국에게는 실업이나 기업 부도보다 더 큰 걱정거리였다.

3) 스페인에는 다른 나라로부터 상당한 양의 직접 투자가 유입됐으며, 그것은 경제의 변화와 성장에 기여했다. 하지만 스페인 역시 외국에 상당한 규모로 투자해 왔으며 결국 1990년대 후반부에 이르러 외국에 대한 투자량이 국내 투자량을 역전하게 되었다. 여기서

**차입 (GDP 대비 %): 스페인 비금융 기업과 가계**
기업이 채권 발행을 통해 채무를 지기도 했지만, 총액 기준에 고려할 만한 수준은 아니었다.

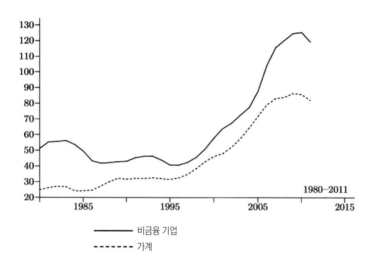

우리는 일반적으로 대부분의 선진 국가에서 이전에 나타났던 경향을 다시 발견할 수 있는데, 이는 위기 이전까지 직접 투자의 순유출(유출에서 유입을 뺀)이 증대한다는 것이다. 그것이 직접 투자와 관련된 것이든 아니든 간에 스페인의 비금융 기업들은 이미 외국 주식을 상당히 보유하고 있었다.

이러한 성과의 긍정적 측면은 ① 강력한 투자에 의해 지탱되는 급속한 성장, ② 임금 억제, ③ 미미한 국가 부채 수준이라 할 수 있으며, 부정적 측면으로는 ① 충분히 통제되지 못한 상당히 높은 수준의 인플레이션, ② 경상 수지의 악화, ③ 민간 주체에 지나친 부채, ④ 직접 투자 유입에 불리한 흐름을 들 수 있다. 따라서 스페인 경제는 현실적으로 이중적 문제를 통해 정체되기에 이르렀다. ① 민간 주체의 과잉 부채(이에 대한 조정은 이제 막 시작되었다), ② 상당한 이질성을 보여 주는 경쟁력이 약한 다수 부문의 붕괴가 그것들이다. 다른 한편으로 과잉 부채가 파산의 직접적 요소이기 때문에 이 두 가지 관찰 사이에는 아주 긴밀한 관계가 있다. 스페인 금융 부문이 특히 취약하다는 사실이 미래를 결정할 것이다. 하지만 생산적으로 기능하는 부문들이 존재한다는 사실은 장기적인 측면에서 스페인 경제의 낙관적 측면이기도 하다.

어떻게 현재 상황을 치유할 수 있을까? 우리는 한편으로 스페인이 현실적으로 처해 있다고 판명되는 파국을 모면할 구조적 정책과 다른 한편으로 활동성의 축소를 종결지을 수 있는 수단들을 구별한다. 이는 구조적 차원에서 '이질적 상황' 및 그것에 대한 점진적인 극복과 관련되어 있다. 단기적으로 다양한 정책들이 부과된다. ① 우선 생산의 붕괴를 늦추기 위해 통상적 케인스주의 수단인 수요 부양 정책을 취하는 것이 필요하다. ② 위에서 이루어진 스페인 경제에 대한 진단을 통해 각각의 수단들(신자유주의적 도그마에는 그다지 영합하지 않는)의 중요성이 부각되고 있다. 사실상 자유낙하 상태에 있는 부문들의 부채 청산을 용이하게 하기 위한 비용 경감에 도움이 되는 조세 경감(이는 공공 적자에 부담을 준다는 약점이 있다) 및 부채의 완화(무조건적인 부채 탕감 및 지불 유예)와 같은 다양한 수단들이 중요하다. ③ 기능이 정지된 이유가 가계의 과잉 부채이기도 하므로 이러한 부채를 탕감할 필요가 있다. 특히 부동산 부채를 조정해야 한다. 이러한 수단들이 채권자를 불안하게 할 것임은 두말할 필요가 없다. 우리는 1933년 미국에서 실행된 수단들을 참고해 볼 필요가 있는데, 준공공 기관들이 부실 채권을 인수하기에 이르렀다는 것이다.[30] 특히 위태로운 지경에 있는 기관들의 국유화를 배제해선 안 된다. 이러한 모든 수단은 유럽 중앙적 차원의 상당한 지원(ECB의 스페인 국채 매입 및 은행 자본 평가, 예산에 대한 지원)이라는 조건에서만 이해될 수 있는데, 이는 급진적인 정치적 변화들을 암시하는 것이기도 하다.

유로로부터의 탈출을 가정하지 않는 한 화폐에 대한 평가 절하를 미리 상정할 수 없음에 주의해야만 한다. 우리는 경쟁력이 약한 부문의 붕괴와 관련된 문제에 대해서는 고려하지 않았다. 이러한 기업들의 문제는 국제적인 시장 속에 들어가는 것이 아니라 단기적인 생존이다. 평가 절하는 의심할 바 없이 긍정적인 효과를 갖고 경쟁력 있는 부문의 수출을 증대시키지만, 동시에 수입 물품의 가격 등귀로 인해 무역 수지에 부정적 효과를 일으킬 수 있다. 특히 스페인이 아

---

**30** G. Duménil et D. Lévy, 《*La dynamique du capital: Un siècle d'économie américaine*》, PUF 1996, chap. 23을 보라.

닌 다른 곳에서 생산·소비재 또는 원재료의 가격에 영향을 준다. 이는 영국의 사례를 보면 명확하다. 영국은 2008~2009년 위기 시 파운드 스털링이 약 20% 하락했는데, 이 나라의 무역 수지 상황은 확실히 이러한 조정에 영향을 받지 않았다. 영국은 미국을 제외하고 프랑스나 인도보다 큰 규모의 대외 무역 적자를 가진 나라다. 거기에 우리는 평가 절하가 유로 또는 달러 표시 대외 적자를 증대시킨다는 잘 알려진 사실을 추가해야 한다. 만약 스페인이 다른 나라에 지고 있는 부채에 대해 지급 불능을 선언한다거나 금융 시장에서 이들이 지급 불능 처지에 있다고 평가된다면, 누가 그러한 스페인의 채권을 구매할 것인지와 어느 정도의 이자율에서 구매할 것인지에 대해 자문해 볼 필요가 있다. 위험스러운 충격 요법도 있을 수 있는데, 그것은 비밀스러운 구조 조정을 동반하는 IMF의 필수적 지원이나 스페인 또는 유럽의 공적 기관들을 통한 금융 기관 자금 지원을 목표로 할 수 있다.

## 독일과 프랑스의 경로들

남유럽 경제를 지원하는 것은 상당히 긴급한 문제라고 할 수 있다. 현재 모든 논쟁에서 독일 모델에 대한 모방이 하나의 준거점으로 등장하기도 한다. 독일의 사례를 통해 신자유주의적 세계화가 미국이나 유럽 대부분 지역의 사례와는 달리 구 중심부 국가에서 지속 가능하다는 것이 증명되고 있다. 이는 명백히 성급한 판단에 불과하겠지만, 독일이 반노동적 길을 가고 있다는 것보다 그만큼 중요한 문제로 인식되고 있다. 이러한 복잡한 질문(독일 통일이라는 사례는 이러한 비교 과정을 복잡하게 한다기보다는 까다롭게 한다)은 독일과 프랑스의 근본적인 거시 경제 데이터 연구를 통해 명확해질 수 있다.

우선 우리가 믿고 있는 것과는 대조적으로 독일은 프랑스보다 훨씬 높은 성장률을 구가한 국가가 아니다. [그림 6.2]가 보여주는 바와 같이 독일은 프랑스와 상당 기간 꽤 비슷한 모습이었다. 제2차 세계대전 이후 독일은 프랑스보다 약간 높은 성장률을 가진 나라였다. 1950년과 2008년 사이 평균 연간 성장률은 독일이 3.6%, 프랑스는 3.4%였다. 상당히 다른 인구론적 상황(독일은 여성 한 명당 1.4명의 출산율을 보이는 반면 프랑스는 두 명이다)에도 불구하고 실업률은 독일이 일관되게 낮았다. 실업률은 1990년대 강력히 상승했는데, 2005년 프랑스가 9.4%인 데에 비해 독일은 11.4%까지 치솟았다. 그러한 비율들이 프랑스에 불리하게 나타나게 된 것은 2008년 위기 이후다. 독일은 그것을 '비정규직Petits Boulots'의 증가와 맞바꾸었다.

독일은 주요 산업국이다. 오래전부터 GDP에 대한 산업 비중이 프랑스보다 높았다. 2012년 이 비율은 독일에서 25.2%이고, 프랑스에서는 12.6%이다. 대외 무역 흑자로 나타나는 독일의 엄청난 수출 역량은 이 두 나라 사이의 어쩔 수 없는 부차적 차이라고 할 수 있다. 이러한 흑자는 독일 통일의 여파로 1990년대에는 중단되었다. 프랑

**산업 생산 (2000=100): 독일과 프랑스**

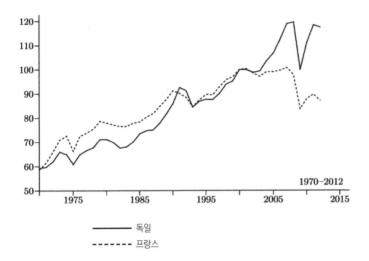

스가 흑자를 체험한 것이 바로 이 기간이다. 이러한 프랑스의 흑자
는 그 이후로 줄어들게 되었고, 2011~2012년 사이에는 GDP의 2%
에서 3% 수준의 적자를 기록하게 되었다. 반면, 독일은 2004년부터
GDP의 약 5%에서 6% 사이로 이전의 흑자 기조를 회복했다.

독일은 산업에 유리한 사회적 조직을 정의했던 질서자유주의
l'ordoliberalisme 및 산업적 성격을 통해 특징지어지는 지역적 구조라
는 유리한 환경을 향유했다. 이는 엄연한 사실이지만, 두 나라 사이
의 분기가 최근의 현상이며, 따라서 또 다른 본질이 존재하고 있음

■ 그림 6.6
**연간 명목 노동 비용(단위: 1,000유로): 독일, 스페인, 프랑스, 그리스, 폴란드**

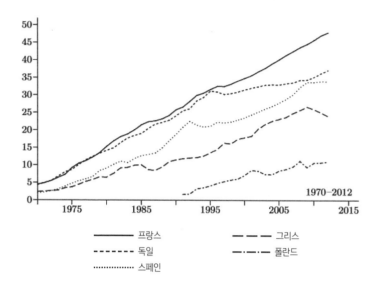

을 강조할 필요가 있다. [그림 6.5]는 1970년 이후 산업 생산 지표를 보여주고 있다. 두 가지를 관찰할 수 있는데, ① (처음에는 동일하게 시작했고) 초반부터 2002년까지 겹쳐지는 두 개의 곡선, ② 2003년 이래로 나타나는 분기Divergence이다. 2003년 이래로 독일의 산업 생산은 프랑스가 거의 정체되었다가 그 이후 후퇴했던 것과는 달리 2008~2009년 경기 후퇴까지 급상승했다. 따라서 이는 상대적으로 최근에 일어난 분기라고 해석할 수 있다.

이러한 차이를 설명하기 위해 우리는 우선 프랑스보다는 독일에 유리했던 기술 변화의 속도 및 형태를 내세울 수 있다. 그러나 데이터의 검토를 통해 이 진단을 확증할 수는 없다. 두 번째 요소는, 흔히 노동 비용의 문제라고 이야기되는 것이다. [그림 6.6]은 프랑스와 독일을 포함한 다양한 국가의 명목 임금 비용을 보여 주고 있다. 우리는 1994년 이래로 이 두 국가의 차이가 커지고 있음을 명확하게 확인할 수 있다.[31] 하지만 우리는 임금의 그러한 분기가 최근에 나타난 격차를 설명하기에는 충분치 않다고 본다. 그러한 결정 요소들을 발견하기 위해서는 사회적 질서에 고유한 사회경제적 형세의 메커니즘에 대해 더 근본적으로 살펴볼 필요가 있다. 3부에서 우리는 프랑스와 독일에서 나타난 바로 그러한 신자유주의의 구체적인 형세와 그 쟁점을 다룰 것이다.

---

**31** [그림 6.6]의 명목 임금은 국제 경쟁력이라는 측면과 상당히 관련되어 있다. 각 나라의 소비에 대한 물가 상승분을 반영했을 때, 독일은 1994~2001년 사이에 임금 구매력이 변화하지 않았다. 반면 프랑스에서는 그것이 계속해서 상승했다. 2003년부터 임금 구매력은 독일에서 하락했다. 프랑스의 임금 노동자들이 구매력 하락 압력에 지속적으로 대항했던 반면, 독일에서는 이 기간에 사회적 측면에서 후퇴했다고 할 수 있다.

# 3부
상층에서
벌어지는
긴장

## 7장

# 영미식 금융: 모델과 영향력

일반적으로 '신자유주의'라고 말했을 때, 그것은 이 3부에서 다루게될 복잡한 양상을 추상한 보조적 의미로 사용한 것이다. 신자유주의는 다양한 변종이 존재하며, 하나의 형세로 설명할 수 없다. 이러한 분석은 영미식 신자유주의라는 개념을 중심으로 이루어진다.[32]

## 금융 부문과 비금융 부문의 소유와 관리: 영미식 신자유주의의 경우

자본 소유자들과 상위 관리자들은 소유-관리 인터페이스라고 불리는 제도적 체계 내에서 대면한다. 이러한 제도의 핵심에는 이사회가

---

**32** 어떤 연구자들은 '영미식 자본주의'와 다른 형태(독일, 일본, 스칸디나비아 등)의 자본주의를 꽤 적절히 구별하고 있기도 하다. M. Albert, 《*Capitalisme contre capitalisme*》, op. cit. ; R. Boyer, 《*Une théorie du capitalisme est-elle possible?*》, Odile

있으며, 이는 주주 총회와 더불어 관리자와 주주들 사이의 특권이 만나는 장소이기도 하다. 소유자 개인들 또는 단체는 이사회에 출석하거나 그들의 금융 관리자들을 대신 출석시켜 관리직들과의 관계를 설정한다. 경영진들 또한 이사회에 출석하거나 그들 중 몇 명이 대리하게 해 소유자들이나 그들을 대표하는 사람들과 대칭적으로 대면한다.[33]

이러한 두 개의 극인 소유/관리라는 쌍은 네트워크 속에서 조직

---

Jacob, Paris, 2004 ; B. Amable, 《*Les Cinq Capitalismes*》, Le Seuil, Paris, 2005. 현재적 상황을 고려해볼 때, 우리는 물론 M. Aglietta et T. Brand, 《*Un New Deal pour l'Europe*》, Odile Jacob, Paris, 2013도 볼 필요가 있다.

**33**  이 절과 다음 절은 다음과 같은 작업들에 기초하고 있다. R. C. Barnes et E. R. Ritter, "Networks of corporate interlocking : 1962-1995", <*Critical Sociology*>, Vol. 27, No. 2, 20001, pp. 192-220; D. Bunting, "Origins of the American corporate network", <*Social Science History*>, Vol. 7, 1983, pp. 129-142; G. W. Domhoff, A Quick History of Interlocks in the U.S. Interlocking Directorates in the Corporate Community, University of California, Santa Cruz, 2005. http://whorulesamerica.net/power/corporate_community.html; G. W. Domhoff, 《*Who Rules America? Power, Politics, and Social Change*》, McGraw-Hill, New York, 2006 ; M. S. Mizruchi, "What do interlocks do? An Analysis, critique, and assessment of research on interlocking directorates", <*Annual Review of Sociology*>, vol. 22, 1996, pp. 271-298 ; W. G. Roy, "Interlocking directorates and the corporate revolution", <*Social Science History*>, vol. 7, 1983, pp. 143-164 ; J. Scott, "The Sociology of Elites", Volume 3 : <*Interlocking Directorships and Corporate Networks*>, Oxford University Press, Oxford, 1990 ; M. Seem, 《*The Inner Circle. Large Corporations and the Rise of Business Poilitical Activity in the U.S. and U.K.*》, Oxford University Press, Oxford, 1984.

화된다. 주식 보유로 정의되는 소유 네트워크를 통해 소유자들이 기업들 사이에서 연결된다. 특히 그들은 금융 기업들 내에 압축되어 있다. 우리는 자율적 자본가 단위의 병렬로서 소유의 세계를 생각하는 나쁜 습관이 있다. 소유의 세계는 상당한 정도의 연관성과 집중화 및 국제적 범위를 가지고 있는 광범위한 체계다. 관리자들은 기업 관리와 관련 있는 어느 한 이사(내부자)가 다른 회사들의 이사회에도 참여하는 겸직 임원들Interlocking Directorates로 구성되어 감독상의 지위가 교차되는 네트워크로서 조직된다. 우리는 이러한 관리 네트워크를 수평적인 것으로 해석할 수 있는데, 이는 관리자들과 소유자들 사이의 위계적인 신자유주의적 관계와는 다르다. 관리 네트워크의 수평성은 관리의 지위가 서로 교차되고 있음을 뜻하지만, 관리는 그 자체로 내부적 등급을 갖는다.

소유자와의 관계에서 비금융 및 금융 기업들 사이의 비대칭성이 존재한다. 비금융 기업들도 주식을 보유할 수 있지만, 몇몇 금융 기업들은 다른 기업들을 소유할 수 있는 특별한 자격이 있다. 따라서 우리는 금융 기업들이 상위 지위를 차지하고 있는 통제 관계의 기반을 여기서 확인할 수 있다. 이러한 위계 관계는 이사회 내에서 소유자들의 대표자들이 가장 강력한 지위를 향유한다고 말하는 것과 같다.

우리는 영미식 신자유주의가 관리자에 대한 강력한 지배(대표자들을 통해서건 제도적 네트워크를 통해서건)를 특징으로 한다고 정의할 수 있다. 바로 소유자의 이해에 조응하는 '기업 지배 구조'를 부과하는 게 그 목표다. 금융 기관 체계의 특정한 구성 요소들이 이러한 지배의 중요한 매개 고리로 작용할 것이다.

## 관리와 소유 네트워크의 전화, 권력 게임

양차 대전 이후 수립된 사회 질서와 신자유주의를 소유와 관리 네트워크의 서로 다른 조합을 통해 특징지을 수 있다. 이는 절대적으로 긴 역사적 과정과 관련되어 있다[상자 7.1].

우리는 감독상의 겸직 행위를 통해 창출되는 수평적 네트워크와 교차되는, 기업의 상호적 소유가 갖는 비위계 관계적Non Hiérachique 네트워크를 양차 대전 이후의 형세 속에서 확인할 수 있다. 우리는 여러 이사회들 내에 있는 각 기업의 관리 과정 속에 직접적으로 내포된 교차적 관리(내부자에 의한)가 갖는 이점에 대해 쉽사리 상상해 볼 수 있을 것이다. 이를 의사 결정 과정에서 발생하는 조정 문제, 경험 및 정보의 공유라는 측면에서 볼 수 있다. 이러한 관리적 실천 방식은 소유자들 및 그 외의 임금 소득자들에 대한 관리자들의 지도적 역량과 권력을 견고히 한다. 관리자들의 힘이 가장 상위에 있고, 그와 동시에 소유자 권력은 가장 아래에 있었다.

신자유주의에서는 이중적 현상이 나타났다. 한편으로 미국에서는 겸직 이사들의 네트워크가 후퇴했다. 다른 한편으로는 점점 더 이사들이 소유자들의 이해를 대변하는 금융 기관(외부자)으로 채워

지기 시작했다. [34] 영미식 신자유주의에서 소유권은 금융 기관들에 집중되어 있고, 그러한 기관들은 지배적 위치를 차지하고 있다. 결국 수평적인 관리자들의 네트워크는 파괴되었으며, 느슨하고 다소 분산된 형태의 네트워크가 되었다. 소유자의 힘이 급격히 증대했고, 그들의 대표자는 관리의 결과를 소유자들의 이해를 기준으로 비교하여 판단했다. 바로 관리자들이 어떤 다른 기업들보다 더 높은 이윤율을 통해 이러한 이해에 잘 봉사하고 있는가 하는 문제였다. 15%의 이윤율(자기 자본 수익률, ROE)이 주주의 요구와 관련된 척도로 여겨졌다.

우리는 이러한 제도들을 경제적 관점에서 주요 선택지들을 규정하는 '제도적인 경제적 중심'이라고 불렀으며, 이를 국가에 대한 광범위한 개념화 과정 속에서 국가적 제도의 두 번째 측면으로 볼 수 있다. 이러한 중심은 자신만의 방식을 따라 '통치'하고 있으며, 막대한 힘을 가지고 있다. 따라서 우리는 다양한 사회 질서 속에서 이러한 제도적 배치들이 어떻게 작용하고 있는지를 인식해야 한다. 이러한 제도들 내에 수립된 위계 관계의 꼭대기에서 그 사회 질서에 속한

---

**34** 캐나다 관련 연구에서 내부자들의 네트워크가 후퇴하고 있다는 점이 폭로되기도 했는데, 이는 우리가 그 잠재적 영향에 대해 쉽사리 예상할 수 있는 또 다른 성격을 노출시키고 있다. 그것은 금융화 및 국제 과정 속에서 나타나는 영토적 준거의 상실이라고 할 수 있다. W. K. Carroll, "The corporate elite and the transformation of finance capital. A view from Canada", 〈*Sociological Review*〉, vol. 56, 2008, pp. 44-63.

거대한 분기 ●

**미국의 관리자 지위 교차에 대한 간략한 역사**

관리와 소유의 분리 이전인 19세기에는 자본가들 스스로 교차적인 관리 지위를
점하고 있었다. 1836년에 뉴욕에서는 주요 은행과 보험 회사들이 서로 연결되어
있었다. 즉 그러한 관계 속에는 상위 20개의 은행, 상위 10개의 보험 회사 그리고
상위 10개의 철도 회사가 있었다.

20세기 초반, 예를 들어 케네디 집안과 같은 몇몇의 자본가 집안들은 더 이상
직접적으로 이사회 내의 자리를 차지할 수 없었고, 금융 혁명의 영향 아래
은행의 대표들이 이사회에서 강한 영향력을 가졌음에도 불구하고, 관리 혁명의
영향 아래에 있는 이사회 내의 임금을 받는 경영진은 더욱 증가하고 있었다.
그 후 공정한 경쟁을 위해 같은 분야에서의 경영진 지위 교차를 막는 법이
통과되었다. 이는 그 시대의 반트러스트법을 보여준다(1914년 클레이튼 법Clayton
Act). 제2차 세계대전 후에는 산업 분야의 경영진이 은행의 이사회에 출현하기
시작했는데, 이는 은행의 지배적인 역할이 희미해지던 과정이었으며, 은행과
산업 분야 경영진의 관계는 새로운 사회 질서의 특성에 따라 보다 평등해졌다.
신자유주의적 고유한 위계 형상이 마침내 제자리를 잡아 가려는 시점이었을지도
모른다.

두 계급, 즉 자본가와 관리자의 힘들이 형성되는 것을 볼 수 있다. 이
들 상위 지도층의 행위가 엄격한 의미에서 관리의 한계를 넘어서고
있다는 점은 당연할 것이다. 또한 그들은 다양한 연구 그룹(싱크 탱
크) 및 압력 단체(로비)의 영향력을 끼치는 성원이기도 하고, 그랑제

콜과 대학에서 활동하기도 한다. 따라서 바로 이러한 관계들로부터 동시에 '제도적인 정치적 중심'이 수립되고 있다.

## 주주 행동주의, 헤지 펀드, 신자유주의적 기업의 지배 구조

신자유주의 기간에 일어난 소유 및 관리 관계의 변형은 소유권의 우위를 확보하려는 한시적 또는 지속적 소유자들 및 금융 기관의 행동 영향 아래서 일어났다. 이에 영향을 받아 주주 행동주의가 발현했다. 대체로 이와 관련된 활동가들과 주주들 사이의 분업 형태가 만들어졌지만, 많은 이들이 수동적인 입장이었다. 이사회에 압력을 행사할 수 있는 모든 방법이 동원되었다. 주식 판매(집단적 매도를 통한 위협), 이해관계자들(또 다른 주주 또는 관리자)과의 직접적 논의, 이사회에 대한 소집 요구, 성명서, 미디어를 통한 캠페인, 소송, 이사회 성원들에 대한 분열 책동 등이 그것이다.

이사회의 관점에서 보면, 이는 명백한 결과로 이어진다. 배당 분배 및 시세 상승을 촉진시키는 자사주 매입 등이 그것이다. 반면, 이러한 행동이 기업에 미치는 효과를 평가해 보면 의심의 여지없이 정반대의 결과가 나온다. 어떤 사람들에게는 주가를 부양하는 것이 어떤 사람들에게는 단기주의('돈을 갖고 튀어라')의 악행을 떠올리기도 한다. 그리고 임금 소득자 대다수의 관점에서는 완전히 부정적이다. 이러한 실천은 '증권 시장'에서 말하는 기업 구조 조정과 해고의 원천이 된다. 다시 말해 수익성이 없다고 판단되는 생산 단위를 폐업시키는 것이다.

신자유주의가 시작될 때쯤, 이러한 주주 행동가들은 기관 투자가(뮤추얼 펀드, 연금 기금, 보험 회사)들이었지만, 1990년대 들어 상황이 변했다. 헤지 펀드가 가장 중요한 행위자가 되었다.[35] 명백히 소수의 헤지 펀드들만이 관련되어 있지만, 아주 활동적이고 수익성이 높다. 그들의 '유능함'은 빠르게 모집할 수 있는 막대한 자본과 기관 투자가들에게 취해지는 만큼의 규제가 이들에겐 이루어지지 않는다는 데 있다. 〈월스트리트 저널〉은 그들을 '이사회에 들러붙은 대식가들'이라고 지칭했다.

## 통제와 소유의 네트워크: 미국 헤게모니

관리 네트워크에 대응하는 기업 주주(개별 자본가이든 기업이든)들과 관련된 소유의 네트워크가 존재한다. 이번 위기 이전에 존재했던 이러한 관계들에 대한 양적 연구가 있다.[36] 여기에는 파산, 합병 또는

---

35　M. Kahan et E. B. Rock, "Hedge Funds in corporate governance and corporate control", 〈University of Pennsylvania Law Review〉, vol. 155, 2007, pp. 1021-1093.

36　S. Vitali, J. Glatifelder et S. Battiston, "The network of global corporate control", <PLOS ONE>, vol. 6, no. 10, 2011; S. Vitali et S. Battiston, <The Community Structure of the Global Corporate Network>, ETH, Università degli Studi, Zurich et Palerme, 2013.

구조 조정과 같은 특정한 변화들이 연관되어 있지만 일반적 형세는 그대로 나타난다.

이러한 연구들에서 네트워크라는 개념은 아주 형식화된 방식으로 쓰인다. 그것은 행위자들(개인과 기업)을 묶는 것이며, 이런 식으로 묶이는 매듭 사이의 유대이기도 하다. 그리고 소유자들이 기업 주식을 보유해 맺어진 유대 형태로 구성된 소유 관계들이다. 데이터 (오르비스 2007 마케팅 데이터베이스Orbis 2007 Marketing Database)는 194개국의 약 3,700만 행위자들, 개인들 및 기업을 분류하고 있는데, 이는 거의 전 세계에 걸친 데이터이며, 주식 보유와 관련된 약 1,300만 개의 소유권 네트워크를 추적하고 있다. 4만 3,000개의 초민족 기업 및 이러한 기업에 직간접적으로 연계돼 소유권 관계를 갖는 모든 기업과 개인들을, 주식을 보유하고 점유한 7만 7,500명의 개별 주주와 50만 개 기업으로 분류하고 있다.

이러한 연구를 통해 큰 관심을 받았던 정보들이 제공되고 있는데, 우선 이러한 거대한 세계 자본 네트워크의 구조를 다루는 것이 우리의 목표다. [그림 7.1]을 통해 어떤 도식화된 구조가 제시될 수 있다. 소유권 관계를 통해 묶인 기업들은 '결합적 구성 요소' 내에서 재분류된다. 세 가지 본질적 특징을 관찰할 수 있다. 우선 이러한 행위자들 사이에 아주 강력한 상호 연결망이 관찰된다. 분명 도식의 왼쪽 아래에서 자율적인 작은 주변부 네트워크를 확인할 수 있지만, 가장 거대한 초민족적 기업들과 이 연구에서 다뤄진 기업들

거대한 분기 ●

의 거의 80%를 규합하고 있는 더 거대한 결합적 구성 요소가 존재한다. 그리고 이 거대 기업들이 네트워크 전체의 순이익l'excédent brut d'exploitation(EBE) 중 94%를 제공하고 있다. 둘째로, 이러한 거대한 구성 요소가 약간 기울어지고 비대칭적인 두 날개의 나비넥타이 모양을 하고 있다는 점이다. [37] 결국 밀접하게 관련된 구성 요소, 즉 '네트워크의 핵심'(도표의 중심부에 있는 공간)은 단지 1,347개의 기업으로만 구성되어 있고, 이들은 상호적으로 주식을 보유하고 있다. 이 핵심부 주식의 3/4을 이 핵심부의 또 다른 기업들이 가지고 있다.

이 연구에서 통제와 관련된 두 번째 정보가 제시되고 있는데, 이는 만약 우리가 적어도 주식의 50%를 보유하는 것이 통제권이라 정의한다면, 737명의 소유자들로 재분류되는 '상위 통제권-보유자Top Control-Holders'라는 행위자들의 하위 집합이 두드러진다는 점이다. 만일 그들이 하나의 행위자로서 행동했더라면 그들은 전 세계 초민족 기업 전체 가치의 80%를 대표하는 초민족 기업 집합을 통제했을 것이다. 우선 이 거대한 통제권을 보유한 자들은 릴리안 베탕쿠르

---

[37] 이러한 유형의 그래프는 그 구조를 웹Web의 모양으로 연구했던 논문을 통해 대중화되었다. A, Broder, R. Kumar, F. Maghoul, P. Raghavan, S. Rajagopalan, R. Stata, A. Tomkins et J. Wiener, "Graph structure in the Web", in Proceedings of the 9th international World Wide Web conference on Computer networks, 〈The International Journal of Computer and Telecommunications Networking〉, North-Holland Publishing Co., Amsterdam, 2000, pp. 309-320.

■ 그림 7.1
## 세계 거대 자본 네트워크의 배치

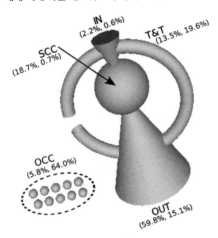

'결합적 구성 요소'는 소유 관계를 통해 직간접적으로 연결된 모든 행위자들을 재분류한다. 우리는 가장 거대한 결합적 구성 요소와 수많은 작은 단위들, 즉 '기타 결합적 구성 요소'(OCC, Other Connected Component)로 구별하고 있다.

'나비넥타이' 모양 안의 가장 거대한 결합적 구성 요소는 다음과 같은 네 가지 요소들로 구성되어 있다.

– 강력히 연결된 구성 요소(SCC, Strongly Connected Component) 안에 직간접적인 방식으로 그 구성 요소 내의 어떤 기업에 대한 주식을 또 다른 기업이 보유한다. 즉 다른 기업의 주식을 보유한 기업의 주식을 또 다른 기업이 보유한다.

– 둘째 집합 IN은 SCC 집합 속에 있는 기업들에 대한 소유권을 가지고 있는 개인이나 기업들이다. SCC에 있는 어떤 기업도 IN 집합에 있는 행위자들에 대한 직간접적 소유권 유대 관계가 형성되어 있지 않다.

– 셋째 집합 OUT은 반대로 SCC 집합에 속해 있는 기업들에 의해 직간접적으로 보유되는 기업들의 집합이다. 하지만 그러한 기업들은 SCC에 있는 기업에 대한 소유권 유대 관계가 형성되어 있지 않다.

– 기타 기업들은 주변화되어 있으며, 튜브형으로 감싸져 있다.(T&T, Tubes and Tendrils)

괄호 안의 숫자들은 각 구성 요소가 나타내고 있는 순이익EBE 및 TNC 대비 비중을 보여준다.

*출처: 그림 2B S. Vitali, J. Glatifelder et S. Battiston, "The network of global corporate control", PLOS ONE, vol. 6, no. 10, 2011.*

Liliane Bettencourt라든지 빌 게이츠와 같은 개인이나 기업이 될 수 있을 것이다.

이러한 연구를 통해 세계적 차원에서 가장 거대한 통제력을 실행하는 행위자들의 국적과 활동 영역을 알 수 있다. 상위 50개 중 45개가 금융 부문에 있으며, 4개는 지주 회사들이다. 놀라운 점은 이 리스트에 자본가 개인은 없다는 사실이다. 전체적으로 비금융 초민족 기업은 세계 네트워크 속에서 부차적 역할을 하고 있다. 다른 한편으로, 미국인들의 지배력이 강력하다(50개 중에서 24개의 기업이 그들의 것이다)는 것을 알 수 있다. 그 다음으로는 영국(8개 기업), 프랑스(5개 기업) 순이다. 이들은 일본이나 독일을 포함한 다른 유럽 국가 모두를 능가한다.[38] 50번째 순위를 차지한 중국 기업을 제외하고는 신흥국의 기업을 찾아볼 수 없다. 이러한 가장 큰 50개 기업들 가운데 영국과 미국의 기업 및 금융 기업들의 지위는 영미식 신자유주의라는 것이 무엇인지 잘 보여준다.

통제권에 대한 분류를 통해 그 네트워크 구조를 분석해 보면 우리는 자본주의의 핵심을 완전히 성격화할 수 있다. 만약 ① 핵심부, ② 주요 통제권 보유자들의 일원, ③ 초민족 기업들로 행위자를 국한시

---

**38** 다섯 개의 프랑스 기업을 확인할 수 있다. (괄호 안은 순위) AXA(4), Natixis (17), Société générale (24), CNCE Caisse nationale des caisses d'épargne (37), BNP Paribas (46). 오늘날 AXA는 57개국 1억 2000만 고객을 가지고 있다.

**자본주의의 금융적 핵심(위기 이전 2007년)**

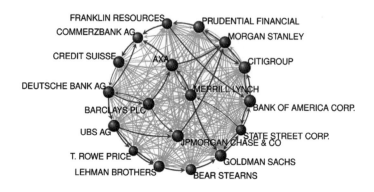

*출처: 그림 2D S. Vitali, J. Glatifelder et S. Battiston, "The network of global corporate control", <PLOS ONE>, vol.6, no.10, 2011.*

키면, 147개 기업 집단으로 추려낼 수 있다. 그들이 초민족 기업들의 총 가치 중 40%를 지배하고 있으며, 거의 배타적인 상호적 통제권을 보유하고 있다. 이 연구를 하고 있는 연구자들의 용어에 따르면 그것은 어떤 '초기업Super Entity'들이며, 그 집중화의 정도는 상상하기조차 어렵다. 그들은 하나의 자본의 거대한 '인터내셔널'이다. 끝으로 [그림 7.2]는 '자본주의의 핵심 중 핵심'을 보여준다. 그것은 18개의 금융 부문 초민족 기업이며, 영미 금융이 아주 두드러진 위치를 차지하고 있지만 어느 정도 유럽 대륙도 관련된 상호적인 유대 관계(아주 긴밀한 네트워크)를 형성하고 있다.

이러한 거대 글로벌 네트워크는 그들 사이를 강력하게 연결하는 기업 '공동체'(반드시 핵심에 속하는 것은 아니지만)라 불리는 하위 네트워크로 구조화된다. 그러한 공동체들은 동일한 나라의 기업들을 상호적으로 소유하는 경향이 있는 듯하며, 가장 상징적인 국적에 의해 지칭될 수 있을 것이다. 동일한 경제 활동을 영유하지만 동일한 나라의 소속이 아닌 기업들 사이의 유대는 상대적으로 덜하다. 의심할 바 없이 가장 큰 공동체는 미국에 형성되어 있으며, 그 다음이 영국이다. 그 다음으로 더 작은 비중을 차지하는 것이 유럽 국가(스페인, 프랑스, 독일, 네덜란드, 이탈리아)였고, 일본은 거대 8개 공동체 중에 속해 있지 않았다. 독일의 경우, 별개의 두 공동체 사이에서 공존하고 있다.

두 개의 영미 공동체가 세계 전역에 개방되어 있다. 미국의 경우 소유한 기업의 57%가 미국 기업이며, 43%가 외국 기업이다. 영국은 오직 39%만 영국 국적의 기업이며, 나머지가 외국 기업이다. 예외적으로 네덜란드는 세계 다른 지역에 가장 많이 개방된 나라로 유럽 대륙과는 상황이 상당히 다르다. 각 공동체 내에 소유된 기업의 대다수는 같은 자국 기업이다. 프랑스의 경우 79%이며, 스페인은 74%이다. 마찬가지로 독일의 두 공동체는 세계 다른 지역에 대해 열려 있다. 공동체들 사이의 관계는 비대칭적이다. 어떤 국가들은 국적이 있는 공동체를 갖지 않으며, 지배적 국가들에 의해 통제된다. 일본의 경우를 매우 주목할 만한데, 연구에서 다뤄지는 일본 기업들의 75%가 미국 네트워크에도 속해 있다. 또한 이스라엘이 53%를 차지하고 있다는 점도 언급해야 할 것이다. 끝으로 미국은 케이맨 제도에 있는 기업 절반 정도를 소유하고 있으며, 이는 조세 천국이 뜻하는 바를 잘 드러낸다.

우리가 어느 한 공동체의 다른 공동체에 대한 소유 관계의 수를 고려한다면(그러한 관계가 가진 강력함을 제외한다면), 영미권의 지배는 더욱 명확해질 것이다. 미국에서 유럽까지 3만 1,967개의 소유 관계(대다수가 영국으로 이어지는)를 연결할 수 있지만, 그 반대의 경우(유럽에서 미국으로 이어지는)는 2,552개로 거의 1/12밖에 되지 않는다. 세계적 차원에서 보자면 영국에서 유럽 대륙으로 가는 흐름이 다른 관계들보다는 우위를 보이고 있다.

이와 같이 세 가지 특성을 분류할 수 있다. ① 미국과 유럽 사이의 유대는 중요하지만 상대적으로 미국과 일본 사이의 유대보다는 취약하다. ② 다양한 유럽 국가들은 상대적으로 약한 유대 관계를 맺고 있다. 예를 들어 프랑스 기업은 그 밖의 유럽 국가들보다는 프랑스 기업과의 관계를 형성할 수 있는 기회가 더 많다. ③ 금융 기관들은 그러한 유대, 특히 공동체들 사이의 유대를 수립하는 중요한 역할을 하고 있다. 종합적으로 보자면 이러한 소유 네트워크 개념은 소유자들의 국적을 고려하자면 국제적 범위를 포괄하는 것이지만, 영미식 금융(의 지배라는) 현실과 매우 관계가 깊다는 걸 알 수 있다.

우리는 그 팽창의 정도와 주요 소유 네트워크에 세계화된 거대 금융 기업들의 대표자들이 이사회에 등장하게 되면서 나타난 결과들을 비교해볼 수 있을 것이다. "이러한 객관적인 사실에서 나오는 결론은 명확하다. 계급 형성에 필수적인 초국경적 이동성의 수준이나 초민족적 또는 국제적 엘리트들의 이동성 수준은 아직 묘연하다(이 사회 및 감독 이사회의 성원이 국제적 엘리트를 형성하는 것은 아니다). 만약 그러한 경향이 존재한다면, 그것은 감독 기능(직접적인 관리가 아니라 통제)만을 담당하는 사람들에 의한 감독 이사회나 이사회의 성원 외부에서만(외부자Outsider) 나타날 수 있을 것이다. 그것은 일반적으로 거대한 규모의 초민족 네트워크(우리가 묘사하려고 한 소유 네트워크)에 속해 있다. 이러한 서클 내에서 외국인들의 수는 실제로 증대했다."[39]

---

**39** M. Hartmann, "Internationalisation et spécificités nationales des élites économiques", 〈Acte de la recherche en sciences sociales〉, no. 190, 2011, pp. 10-23(p. 23).

8장

# 유럽의 특수성: 독일식 산업주의와 프랑스식 금융화

유럽은 매우 다양하고도 독특한 특성을 지니기 때문에 유럽 대륙의
사회 질서를 신자유주의라고 부르는 것이 적합한지는 자문해 봐야
한다. 영미식 자유주의와는 큰 차이가 있다. 그럼에도 불구하고 이
러한 내용은 더욱 복잡해지는데, 유럽 대륙이 서로 이질적 특성을 띠
는 국가들로 구성되어 있기 때문이다. 즉 유럽의 상황을 일률적으로
판단하기는 어렵다.

### 유럽적 특이성과 유럽화

유럽 대륙의 소유−관리 관계 제도들에 관한 연구를 보면, 미국의 경
우와 다름을 알 수 있다. 거대 글로벌 네트워크 '공동체'에 대해 살펴
본 이전 장의 결과 이외에 우리는 유럽 대륙의 또 다른 두 가지 특징

거대한 분기 ●

을 이야기해 볼 것이다. 첫 번째로는 유럽식 수평적 관리 네트워크
는 미국의 경우처럼 와해되지 않았으며 오히려 지속적으로 중요한
역할을 하고 있다는 것과, 두 번째로는 영미식 모델의 특징과는 다르
게 유럽에서는 금융 기업들이 위계질서에서 상위 부분에 위치하지
않는다는 것이다. **40**

이러한 결과에 더하여 '유럽화' 과정을 살펴보자.

1) 유럽의 수평적 관리 네트워크는 주로 독일과 프랑스에서 주요
한 국가적 특성을 지니는데, 이는 점차 대륙 단위의 규모로 확장되는
경향을 보인다. 이러한 경향의 배경에는 북서유럽의 주요 기업들이
있다. 유럽산업인원탁회의European Round Table of Industrialists의 구성
원들은 유럽 기업들 사이에서 중재자로서 대륙 단위의 공조를 보장
하는 데 중요한 역할을 했다(상자 6.1] 참조).

2) 유럽 내부 또는 미국 내부의 관계들과 비교했을 때 초대서양적
관계들은 상대적으로 아주 약하다. 미국의 관리 네트워크 축소와 유
럽에서의 그 지속성에 대한 배경을 살펴보자면, 두 지역 간에 있어서
기업 관리자들의 지위가 교차되는 경우는 매우 드물다는 점을 관찰

---

**40** 이러한 진단을 공유하고 있는 여러 자료는 다음과 같다. W. K. Carroll, M. Fennema et
E, M. Heemskerk, "Consulting corporate Europe. A study of elite social organization",
⟨*Antipode*⟩, vol. 42, no. 4, 2010, pp. 811-843 ; E. M. Heemskerk, "The rise of the
European corporate elite: Evidence from the network of interlocking directorates in
2005 and 2010", ⟨*Economy and Society*⟩, vol. 42, no. 1, 2013, pp. 74-101.

할 수 있다. 그러한 교차의 축소에도 불구하고 같은 관리자들이 두 개의 다른 미국 기업의 이사회에 걸쳐 있을 가능성은 같은 관리자들이 하나의 미국 기업과 또 다른 하나의 유럽 기업의 이사회에 걸쳐 있을 가능성보다 7배 높았다. 두 개의 다른 유럽 기업의 이사회에 같은 관리자들이 있을 경우는 미국 기업과 유럽 기업에 공통으로 존재하고 있을 경우보다는 9배나 높았다. 이러한 점으로 볼 때 초대서양적 관계는 제한적으로 나타난다.

금융 부문의 상대적 지위에 있어서 유럽 대륙에서의 상황은 일률적이지 않다. 독일의 경우 국내 영토 내에서 비금융 기업과 은행 간에 형성된 특수한 관계를 보호하는 방법을 알고 있었다. 이는 라인형 자본주의의 일환으로 전후부터 계승되었는데, 즉 은행들이 비금융 기업들에게 안정적인 금융가의 역할을 했던 것이다. 반면, 유럽 전체적 수준에서는 산업 및 서비스 비금융 네트워크가 독일과 같은 모델을 취하고 있지 않았다. 은행가들이 이전의 모델에서 가지고 있던 고유한 중추적 역할을 더 이상 하지 못하며, 그러한 역할은 지금 비금융 기업의 대표자들이 수행하고 있다. 이는 신자유주의도 아니고 라인형 자본주의도 아닌 특별한 시스템에 관한 것이다.

따라서 지금까지 살펴본 내용을 바탕으로 우리는 일반적인 금융 그리고 특히 미국적 금융으로부터 비교적 독립적인 유럽적 산업과 서비스업이 존재한다는 중요한 결론에 도달할 수 있다.

## 영미식 신자유주의의 길 밖으로:
## 신자유주의-신관리주의적 잡종 형성

이전 장과 앞서 살펴본 내용은 유럽의 지배적인 사회 질서의 본질에 대한 물음을 야기한다. 분명한 것은 그러한 본질이 영미식 신자유주의의 특징들과는 거리가 멀다는 점이다. 하지만 유럽을 완전히 '신자유주의'가 아니라고 판단하는 것도 부적절하다. 특히 관리 네트워크의 지속성과 비교적 약한 금융적 지배로 비추어 볼 때 유럽적 사회 질서는 신자유주의적 측면들과 신관리주의적 측면들이 조합된 형태로 볼 수 있다.

그러한 특징들은 금융적 선택과 산업적 선택에 부합한다. 우리는 소유-감독 및 관리라는 각각의 두 가지 유럽적 네트워크를 금융-신자유주의와 산업-신관리주의라는 두 방향에서 일치시킬 수 있다. 이러한 기획의 이중성은 유럽산업인원탁회의를 넘어서는 유럽금융서비스원탁회의European Financial Services Roundtable, 즉 두 번째 원탁회의의 출현에서 명백히 드러난다. 2013년 유럽산업인원탁회의의 총53명 구성원들 중 예외 경우인 스웨덴 산업의 계열사들이 재편성된 지주 회사를 제외한다면, 어느 한 명도 금융 기관을 대표하지 않았다. 그 반대로 유럽금융서비스원탁회의의 총 21명 구성원들은 모두 유럽의 보험 회사 혹은 거대 은행들의 중심 인물들이다. 즉 우리는 유럽금융서비스원탁회의의 경우에서 유럽적 신자유주의의 실체들을 발견할 수 있다. 유럽금융서비스원탁회의는 유럽산업인원탁회의와 마찬가지로 유럽 대륙의 통합에 전념하지만, 그 행동의 목적은 유럽 경제 발전에 있는 것이 아닌 '세계적으로 개방된 그리고 자유로운 시장의 촉진'과 '전반적이면서 세밀한 유럽 금융 서비스 단일 시장'에 있다. [41]

유럽적, 신관리주의적 그리고 산업적 특성들이 2008년 경제 위기 후 더욱 짙어질 가능성이 있다는 것에 주목할 필요가 있다. [42]

1) 유럽적 관리 네트워크는 와해되기보다는 최근의 경제 위기 속에서 더욱 공고해졌다.

2) 유럽 기업 및 영미권 기업 이사회 사이에 존재하는 유대는 명백히 분리되어 있었고, 느슨해지고 있다.

3) 유럽금융서비스원탁회의가 추구한 금융 서비스 자유화는 실패했으며, 그러한 자유화는 볼케스타인 지침서Bolkestein Directive의 초안에 포함되어 있었지만, 이후 최종안에서 삭제됐다.

우리의 일반적 해석은 이전의 장들에서 살펴보았던 메커니즘들의 연장선상에서 이해되어야 한다. 신자유주의 과정은 수십 년 전부

---

41  http://www.efr.be

42  E. M. Heemskerk, 2013, "The rise of European corporate elite", loc. cit. ; W.K. Carroll, M. Fennema et E. M. Heemskerk, "Consulting corporate Europe", loc. cit. ; K. Van der Pijl, O. Holman et O. Raviv, "The resurgence of German capital in Europe. EU integration and the restructuring of Atlantic networks of interlocking directorates after 1991", ⟨Review of International Political Economy⟩, vol. 18, no. 3, 2010, pp. 384-408.

거대한 분기  ●

■ 상자 8.1

## 일본의 부활?

우리는 일본 기업의 영미권 금융에 대한 강한 의존성을 확인할 수 있다. 일본 기업의 75%가 미국 '공동체'에 속해 있다. 따라서 우리는 주주 행동주의가 일본에서 유행했으며, 미국의 헤지 펀드들이 그 중심에 있었다는 사실에도 놀랄 필요가 없다. 이러한 행동주의에 대한 어떤 연구는 다른 나라에서 벌어지고 있는 영미식 기업 지배 구조에 대해 미국 투자가들이 책임이 있다고 강조하기도 했다.[43] 여기서 행동주의는 관례적인 방식, 배당을 분배하거나 자사주 구매로 주가를 상승시켜 주주에게 기업 유동성을 분배하도록 하고, 기업의 힘을 장악하는 것으로 묘사된다. 1998년과 2006년 사이에 일본 기업에 대한 이러한 압력이 증가했다. 목표가 된 기업들은 공격을 억제하면서 효과적인 방어 전략을 전개하기 시작했다.

또 다른 연구에선 그러한 저항들이 2000년 초반에 증대되었다고 주장한다.[44] 모든 이들이 영미식 규범의 일반화를 선언했음에도 불구하고, 그 반대의 상황이 만들어지고 있음을 저자들은 간파했다. 기업들은 소유자들에 대한 관리의 힘을 강화하는, 이전 실천 방식의 복권을 지향했다. 여기에는 직업 안정화와 종신 고용이 포함되었고, 이는 갱신된 형태이긴 하지만 양차 대전 이후의 상황을 떠올리게 하는 것이었다. 이러한 움직임은 그 촉매제가 되는 법적 틀의 전환을 통해 지탱되었다.

---

**43** Y, Hamao, K. Kutsuna et P. Matos, "U.S.-style investor activism in Japan. The first ten years", Marshall School of Business, *Working Paper* No. FBE 06-10, 2010.

**44** H. D. Whitaker et S. Deakin, "On a different path?", *loc. cit.*

터 단계적으로 진행됐다. 하지만 유럽에서 그러한 진행 과정은 영미 국가들의 경우보다는 매우 완만했다. 왜냐하면 유럽에서 금융은 이전 제도들이 가진 구조를 완전히 와해하지 못했고, 또한 유럽 나름대로의 변화 과정을 겪었으며, 관리직이 여전히 결정적인 영향을 미치고 있기 때문이다. 이외에도 무시할 수 없는 '신관리주의' 및 '탈신자유주의'라는 역과정이 자리 잡고 있는 것처럼 보인다. 이러한 점에서 유럽의 산업 관리자들은 전후 타협 이후 이루어진 자본가들과의 동맹 속에서 자본가들이 보유하고 있는 지도력으로부터 완전히 벗어난 것으로 보이지 않는다.

우리는 또한 이와 비슷한 경향들이 일본의 경우에서도 관찰되는 것에 주목할 필요가 있다. 일본은 유럽과 달리 자본가의 영미식 네트워크에 매우 의존적임에도 불구하고 유럽적 특징들과 명백히 관계가 있는 특정 경향들이 나타난다[상자 8.1]. 이는 신자유주의적 지배가 부분적이었으며, 아마도 쇠퇴기에 접어들고 있음을 잘 보여준다.

## 프랑스
### : 정부가 금융의 모래성을 건설하다

영미식 모델의 쇠퇴 또는 한계가 명확하기는 하지만, 프랑스는 금융의 길로 들어선 주요한 예외 사례라고 할 수 있다. 신자유주의적 세계화에 직면해 독일이 자국 산업을 보호하는 자세를 취한 반면 프랑스의 지도자들은 프랑스 금융 제도의 발전을 선택했다.[45]

의외로 프랑스 금융 시스템의 상층부에서 다양한 성격을 갖는 기업들의 혼합체를 발견할 수 있다. 그중 상위 3개 기관은 상호 부조 기관들로 구성된다. 첫 번째는 프랑스농협은행Crédit Agricole과 프랑스리옹은행LCL(전 Crédit Lyonais)으로 구성된 프랑스농협은행그룹이다. 두 번째는 프랑스대중은행Banques Populaires과 프랑스저축은행Les Caisses d'épargne으로 구성된 BPCEBanque Populaire Caisse d'épargne 그룹이다. 세 번째는 크레딧무추얼은행Crédit Mutuel이다. 이외에도 공공 부문의 우체국은행Banque Postale과 민간 부문의 소시에떼제네랄Société Générale과 BNP파리바 은행BNP-Paribas을 들 수 있다.

여기서 우리는 프랑스 금융 역사의 대재앙으로 여겨질 수 있는 사건, 즉 1993년 도산 직전에 몰린 프랑스 리옹 은행을 프랑스 농협 은행이 인수한 것과 같은 사건의 분석에 머물지 않을 것이다. 결국 국유화된 리옹 은행의 실패에는 은행 지도부의 과실 책임도 있지만, 지속적인 정부의 제도 혹은 정치 시스템 탓도 있다. 농협은행, 예금은행Caisse des Dépots et Consignations과 덱시아Dexia, 저축은행, 대중은행 그리고 나티시스Natixis와 관련된 세 가지 역사에 주목하자면, 이는

---

45 우리는 미셸 아글리에타 및 토마 브랑과 이러한 점에서 일치한다. M. Aglietta et T. Brand, 《*Un New Deal pour l'Europe*》, op. cit., p. 172.

공적 부문 및 상호 부조 기관 전체와 관련된 것이었다. 이와 같은 사건들은 계속해서 일어났는데, 결국은 비극적으로 끝났다. 전후 사회적 타협 기간 '현대화'의 개시, 세계화와 신자유주의 혁명, 그리고 붕괴로 이어지는 역사다.

1990년도의 프랑스 금융 시스템은 애초 전후 사회적 타협의 일환이자 정부 정책의 한 수단으로써 행해진 이전 금융 기관들에 대한 '구조 개혁'의 결과다. 농협 은행은 다른 경제 부분에 비해 상대적으로 뒤쳐져 있던 농업 부문의 기계화와 부흥을 위한 지원 역할을 했다. 농협 은행은 유럽 공동 시장에 대한 대응 차원에서 1960년과 1962년 발효된 농업기본법les lois d'orientation agricole에 포함된 프로그램들을 지원해야만 했다. 예금 은행은 산업 정책을 지원하고, 중앙 정부와 지방 정부의 경제 관련 공익사업 및 공영 주택 사업을 지원하기도 했다. 1980년대 후반 들어서 예금은행은 la Compagnie du Midi(현 Axa), Air liquide, la Générale des eaux(현 비방디Vivendi), BSN(현 다논Danone), 푸조Peugeot, 토탈Total(현 TotalFinaElf), Lafarge 등 기업들의 경영에 참여했다. 저축은행은 주거, 재해, 사회 위생, 구호 등의 분야에서 공익의 기능을 보장하는 역할을 했다.

1980년대와 1990년대에 걸쳐 일어난 변화들은 매우 극적이었다. 우선 1983년 이후 규제 완화의 물결이 나타났다. 1980년과 1987년 사이 주식 거래량은 25배 증가했다. 이는 프랑스의 신자유주의로의 성공적인 진입을 드러내 준다. 1991년 출판된 미셸 알베르Michel

Albert의 저서 《자본주의 대 자본주의》를, 더욱 유능하고 적절한 '라인'자본주의를 권하며, '신미국적' 모델로 향하는 금융적 일탈의 중단을 요구하는 선언으로 간주할 수도 있을 것이다.[46]

준·공공 금융 기관의 민영화와 금융 세계화로의 편입이라는 명목하에 1993년 에두아르 발라뒤르 총리 정부는 방향을 크게 전환했으며, 그러한 전환은 1995년 이후 알랭 쥐페에 의해 계속 이어졌다.

1) 먼저 덱시아의 경우부터 먼저 살펴보자. CAECL^Caisse d'aide à l'équipement des collectivités은 지방 공공 단체를 재정적으로 지원하는 예금 은행의 부서였다. 이후 CAECL은 le Crédit local de France로 이름이 바뀌었으며, 이후 1993년에 민영화되었다. 이후 1996년에 벨기에의 Crédit communal de Belgique와 합병해 공적 금융 기관인 덱시아가 설립되었다. 이 기관은 지방 공공 단체 자금 조달 과정의 세계적 리더로 성장하는 게 목표였다. 그 시기에 활성화된 '금융 시장'에 비해 매우 낮은 주주 배당금과 은행의 비역동성은 비난을 면치 못했다. 이에 따라 덱시아의 영향력은 매우 빠른 속도로 커졌다. 그러한 영향력은 낮은 이자의 단기 차입을 통해 높은 이자의 장기 대출을 실시해 고수익에 도달하는 방식으로 넓어졌다. 이후 덱시아는 그 영향력을 높이는 전략으로 스페인, 이탈리아, 이스라엘, 터키, 일본, 미국에 진출했다.

---

46 M. Albert, 《Capitalisme contre capitalisme》, op. cit., p. 270, 274.

2) 나티시스의 경우는 조금 더 복잡하다. 민영화―구조 조정과 같은 거대한 변화가 정부 주도하에 계속 이어졌다. 공공 은행들이 소유했던 회사인 BFCE^Banque française du commerce extérieur와 준공공 기관적 성격을 가지며 이후 BFCE를 인수한 Credit National처럼 공공 부문이나 준공공 부문으로부터 파생된 새로운 기관들이 모습을 드러내기 시작했다. 이 합병의 결과로 1996년 새롭게 출현한 은행이 바로 Natexis다. 2년 후 Natexis는 프랑스의 대중은행그룹에 팔리게 된다. 다른 한편 1995년에 저축은행은 CNCE^la Caisse Nationale des Caisses d'épargne라는 그룹으로 새롭게 출발하게 되었는데, 이는 예를 들어 회사채 발행과 특히 파생 상품 시장과 같은 시장에서의 활동을 지원하기 위한 자금 조달 그리고 기업들의 세계적 시장 접근에 대한 서비스와 같은 상업 은행 기능들을 확고하게 하는 데 목적이 있었다. 2004년에는 CNCE가 예금 은행에 의해 설립된 투자 은행인 Ixis 은행을 사들였다. 마침내 2006년 Natexis와 Ixis 합병의 결과로 나티시스가 설립되었고, 그 규모는 매우 컸다. 2007년에 나티시스와 CNCE는 세계 경제에 미치는 영향력 부분에서 각각 17위와 37위를 기록하며 세계 50대 기업에 들었다.

3) 프랑스 농협의 성장 과정은 비교적 덜 복잡하다. 프랑스 농협은 1996년 Indosuez, 2003년에는 프랑스리옹은행^Crédit Lyonnais과 같은 여러 은행을 인수했다. 그러한 인수와 관련해 가장 큰 논란을 일으킨 것은 그리스 Emporiki은행의 인수였다. 2010년 프랑스 농협은

**프랑스 세 은행의 주가(지수, 최대치=100): 덱시아, 나티시스, 프랑스 농협은행**

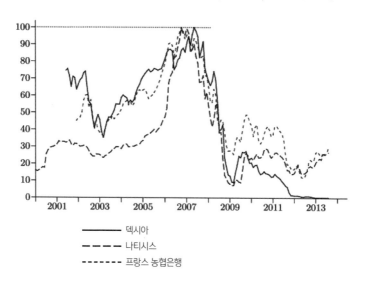

전 세계 70개 국가로 퍼져나갔다.

우리는 여기서 이의 결말을 '경제 위기'라는 단어로 요약할 수 있다. 금융 위기와 함께 앞서 언급한 기관들은 지금으로서는 회복이 불가능해 보이는 대규모의 손실을 겪었으며, 주가는 곤두박질쳤다. [그림 8.1]에서 우리는 그러한 손실의 규모를 간단하게나마 그래프로 확인할 수 있다.

심각한 위기를 맞은 덱시아는 결국 2008년 말 벨기에, 프랑스 그리고 룩셈부르크 정부의 60억 유로에 달하는 구제 계획의 대상이 되었다. 2011년 말 유로존 위기로 덱시아는 결국 파산 위기를 맞았으며, 현재 새로운 공적 자금 투입을 의미하는 구조 조정 계획 아래에 있다. 덱시아의 손실은 계속 진행 중인데, 2011년에는 116억 유로, 2012년에는 29억 유로 그리고 2013년에는 1분기에만 약 10억 유로에 달했다. 2년이 채 안 되는 기간 동안 나티시스 주가는 거의 95% 폭락했으며, 2009년 3월에는 나티시스의 한 주당 가격이 1유로 아래로까지 떨어졌다. 경제 위기에 직면하자 로스차일드은행 출신이며 니콜라 사르코지 측의 경제 전문가인 프랑수아 뻬롤은 BPCE그룹 설립을 위해 프랑스 저축 금고와 프랑스 대중 은행의 합병을 추진했다. 이를 위해 정부는 40억 유로에서 50억 유로에 달하는 자금을 지원해야 했으며, 그룹 가치의 20%를 소유하게 되었다. 프랑수아 뻬롤은 이후 BPCE그룹과 나티시스의 최고 책임자 직을 맡게 되었다. 한편 프랑스 농협은 그리스의 Emporiki은행을 인수한 후로부터 계속 손실을 기록했다. 결국 농협은 1유로라는 상징적인 의미를 가진 가격에 Emporiki은행을 되팔았다. 이 과정에서만 90억 유로에 달하는 손실이 있었다.

이런 재난에 가까운 결과를 제외한다면, 우리는 공공 부문의 관리자들과 정부가 프랑스의 거대 금융 분야를 설립하는 과정에서 어떤 특징이 나타나는지 알아차릴 수 있다. 여기에서 미국 금융 시스템과 프랑스 금융 시스템의 차이를 강조하는 것은 중요하지 않은 것처럼 보인다. 프랑스의 금융 기관들은 우리가 '금융'(자본가 계급과 그들의 금융 기관)이라 일컫는 시스템에 미치지 못한다고 말할 수 있다. 즉 프랑스의 금융 기관들은 통상적인 금융 활동을 하지만, 자본가의 제도적 영향력이 미치는 수준은 매우 미미한 정도다. 사실 미국적 금융 시스템을 모방하려는 시도는 있었지만 재생산의 수준까지는 이르지 않았다. 그럼에도 불구하고 프랑스 금융 시스템이 가진 특징적 요소들은 세계적으로 거대한 금융 기관들 사이에서 프랑스가 그나마의 위치를 차지하기까지 방해가 되지는 않았다.

## 독일과 프랑스
### : 서로 다른 두 가지 형태를 띠는 신자유주의적 세계화로의 편입

외국에 대한 직접 투자와 관련한 프랑스와 독일 경제의 접근 방식은 두 국가가 최근 들어 서로 다른 경로로 접어들었다는 점을 볼 수 있는 두 번째 요소다. 먼저 1990년부터 유출입 흐름을 모두 고려한 축적 형태로서의 해외 직접 투자 스톡은 프랑스에서 더 강력하게 축적되었다. [그림 8.2]는 두 나라의 '유출' 직접 투자 스톡을 GDP에 대한 비율로 보여준다. 여기서 우리는 이러한 스톡이 1990년대, 특히 프랑스의 경우에 매우 크게 증가하는 모습을 관찰할 수 있는데, 이는 유출량이 폭발적으로 늘어난 결과다. 이후 프랑스의 스톡량은 가까스로 유지되었다. 2000년부터 프랑스와 독일의 스톡 수준은 거의 안정된 모습을 보인다. 평균적으로 유출 스톡의 경우 프랑스와 독일

**외국에 대한 직접 투자 스톡(GDP 대비 %): 프랑스와 독일**

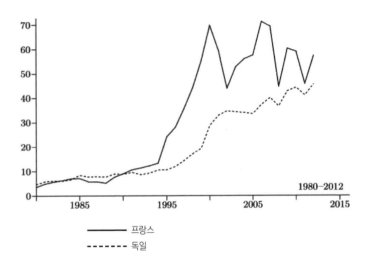

이 각각 GDP의 37%와 57%, 유입 스톡의 경우에는 38%와 18%를 기록하고 있다. 만약 우리가 두 스톡 사이의 차이(유출에서 유입을 뺀)를 고려한다면, 두 나라의 비율은 GDP의 19%로 거의 같다.

가장 흥미로운 것은 이러한 투자들이 향하는 최종 목적지의 '상세 내역'이다[표 8.1]. 독일에 비해 프랑스는 직접 투자의 상당량이 금융 부문과 관련되어 있고, 이것이 두 나라 사이의 거대한 차이라고 할 수 있다. 2000년대에 독일의 외국 금융 부문에 대한 직접 투자 스톡은 780억 유로인데 비해 프랑스는 5,330억 유로였다. 이 부문 이

**2010년 외국에 대한 직접 투자 유출 스톡(10억 유로): 세계 모든 지역에 대한 독일과 프랑스의 투자**

|  | 제조업 | 모회사 활동+ | 금융업* |
|---|---|---|---|
| 독일 | 142.6 | 421.4 | 77.8 |
| 프랑스 | 108.2 | 242.1 | 532.8 |

+ 또는 관리 지주 회사   * 보험업 포함

출처: Eurostat

외에 두 나라의 외국에 대한 투자는 제조업 및 지주 회사[47]와 관련이 있다. 독일 대외 투자가 이루어지는 특권적 영역이 바로 이곳들이다. 우리는 따라서 이 두 나라의 직접 투자가 갖는 전략의 특징들을 명확하게 확인할 수 있다. 독일의 산업·관리적 형태의 투자와 프랑스의 금융적 투자다.

이러한 전략은 또한 지리적인 목적지에 따라 구별될 수 있다. 프랑스는 오히려 남유럽을 중심으로 투자하고 있고, 독일은 동유럽(구 소비에트 블록)을 중심으로 투자하고 있다. 놀라운 사실은 2010년 독일의 동유럽 제조업에 대한 투자 스톡이 250억 유로 이상이라는 것

---

**47** 이러한 지주 회사는 모회사sièges sociaux의 활동을 실현하는 것으로, '동일 기업의 다른 단위(또는 집단)에 대한 통제'를 포함하는 것이다. European Commission, "Statistical classification of economic activity in the European Community", *Working Paper*, European Communities, 2008을 보라.

**2010년 외국에 대한 직접 투자 유출 스톡(10억 유로): 세계 모든 지역에 대한 독일과 프랑스의 투자**

|  |  | 제조업 | 금융업 |
|---|---|---|---|
| 독일 | 동유럽 | 25.6 | 4.5 |
|  | 남유럽 | 4.6 | 1.9 |
| 프랑스 | 동유럽 | 3.6 | 18.6 |
|  | 남유럽 | 5.5 | 23.3 |

출처: *Eurostat*

이다[표 8.2]. 프랑스는 40억 유로 이하를 밑돈다. 대칭적으로 프랑스의 남유럽(스페인, 그리스, 포르투갈) 금융 활동에 대한 투자는 230억 유로 이상이며, 독일은 20억 유로에 지나지 않는다. 두 지역 모두를 합친 금융 활동에 대한 프랑스의 직접 투자 스톡은 독일 투자 스톡의 거의 일곱 배에 달한다.

두 나라가 동일한 경제 활동의 외주화 동역학을 가지고 있지만, 아주 구체적 형태 아래서 활동하고 있음을 관찰할 수 있다. 독일은 그 국가적 영토 내의 산업에 직접적으로 관련된 산업 영역을 향해 동쪽으로 가는 경향이 있는 반면, 프랑스는 금융 부문을 특권화하고 다양한 곳을 향하고 있다.

우리는 여기서 2000년대 두 나라 산업 생산의 과정의 분기를 이해할 수 있는 열쇠를 발견한다. 이러한 전략들의 결과는 그들 각각의 GDP 성장과 관련해 거의 영향을 끼치지 않았지만(최근에 들어서야 프랑스에 불리한 형태였음이 나타났다), 우리는 여기에서 프랑스의 적자 증대와 독일 대외 무역 흑자 증대의 원천을 발견할 수 있다.

　더 일반적으로는 반노동적 정책들과는 별개로 독일은 대개 영미식 신자유주의에 고유한 형세로부터 자신을 유지하려 한 반면, 프랑스는 금융 부문을 특권화하면서 그 과정에 자신의 몸을 던졌다. 우리는 그것이 보여준 파국적 결과를 이미 보았다.

9장

# 국제적 무대

앞의 두 장에서 관리자와 주주 사이의 관계가 결정적이라는 점이 분명해졌다. 영미식 신자유주의는 자본 소유자의 지배를 확보하려 하는 경향이 있다. 이러한 헤게모니는 한계가 있을 수밖에 없으며, 특히 2008년 위기 이후에는 쇠퇴의 길로 접어들었다. 이러한 계급 관계는 국제적 위계 관계와 분리될 수 없다. '영미식 모델'이라는 표현 자체가 어떤 영토적 준거를 보여준다. 우리는 그것을 '제국'이라고 불렀다. 이러한 국제적 위계 관계가 이번 장의 중심 주제다.

## 구 중심부 헤게모니의 쇠퇴

과거의 선진국들이 여전히 세계 경제의 중심이지만, 그들의 역량은 쇠퇴했다. 여러 지표들을 통해 이를 확인할 수 있는데, 그중 하나가

■ 그림 9.1
**세계에서 세 그룹의 국가들이 차지하는 비중(%)**
특정 국가들의 출현에 따른 데이터 상의 단절이 존재한다.

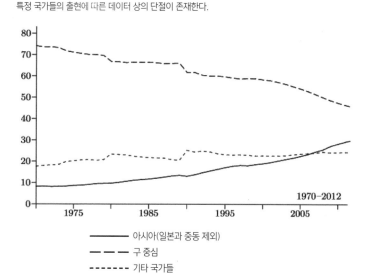

아시아(일본과 중동 제외)
구 중심
기타 국가들

(구매력 평가를 반영한) GDP 규모다[상자 6.1]. 2012년 미국은 세계 생산의 18.9%를 담당했고, 중국은 14.9%였다. 이 수준은 중요한 전환점이며, 이는 2000년대 동안 가속화되었다. [그림 9.1]은 서로 다른 국가들이 차지하고 있는 GDP 비중을 보여준다. ① 과거 선진국들, 즉 미국, 캐나다, 유럽 국가들, 뉴질랜드, 일본 ② 아시아(일본과 중동 제외) ③ 그 밖의 나라들, 중동의 석유 생산자 및 옛 소비에트 블록, 라틴 아메리카와 아프리카.

우리는 여기서 아시아, 특히 일본과 중국의 상대적으로 급격한

■ 그림 9.2
## 세 그룹 국가들의 산업 비중(%)

변수들은 그 지역 총 부가 가치에서 ([그림 6.5]와 동일한 변수인) 산업 부가 가치 비중을 표시하고 있다. 총 부가 가치는 전 부문(제조, 건설, 서비스, 정부, 농업 등)의 생산을 일컫는다.

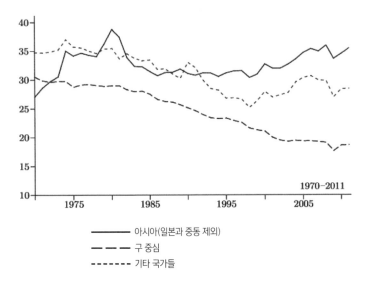

성장을 볼 수 있다. 30년 동안, 다시 말해 1970년과 2000년 사이 10.7%포인트 증가했다(8.3%에서 19%). 그리고 2000년 이후에는 12 배가 되었다(11.1%포인트 증가). 동일한 시기 중심부 국가들은 후퇴 했다. 1970년 74.1%에서 2012년 45.6%로 줄어들었고, 이는 1970 년에서 2000년 사이 15.8%포인트 후퇴한 것이며, 2000년 이후에는 12.8%포인트 줄어들었다. 나머지 국가들의 비중은 커졌는데, 특히 석유 생산자들의 성장이 두드러진다. 라틴 아메리카는 약 9%로 일

거대한 분기 ●

정한 수준에 머물러 있었다.

산업 생산의 새로운 지역화는 중심부 국가들의 상대적 쇠퇴의 또 다른 징후다. [그림 9.2]는 위와 동일한 국가들의 산업화 수준을 보여 준다. 중심부의 탈산업화가 두드러지는데, 약 30%에서 18%로 줄어들었다. 1990년 후반 이후 (일본을 제외한) 아시아 국가들은 그와 대조적으로 산업화되었고, '그 밖의 나라들'도 마찬가지지만 아시아 국가들에 비해서는 낮은 수준이다.

중심부 국가들이 가지고 있던 주도권의 쇠퇴는 각 국가 집단 내의 대기업 성장 여부에서도 엿볼 수 있다. [표 9.1]은 포브스Forbes 분류에 따른 2,000개 거대 기업들 중 2013년 기준 기업들을 열거하고 있는데, 중심부 국가들의 대기업이 가장 많다. 2013년 중심부 국가의 대기업은 2,000개 중 68.7%를 차지하고 있었고, 실현된 이윤 중 64.7%가 그들의 것이었다. 2013년 아시아의 420개 기업들 중 182

■ 표 9.1
**2013년 거대 기업(2,000개)의 분포와 수**

| | | |
|---|---|---|
| 구중심 | 1374 | 68.7% |
| 아시아(일본과 중동 제외) | 420 | 21.0% |
| 기타 국가들 | 206 | 10.3% |
| 합계 | 2000 | 100% |

출처: <Forbes>, Global 2000 Leading Companies. 포브스는 4개의 지표(이윤, 자본화율, 주가, 기업 수, 자산)를 종합해 분류하고 있다.

개가 중국(홍콩 포함)인데, 2004년에는 59개였다. 그리고 인도 기업이 27개에서 56개로 늘어났다.

포브스는 국적(과 부)에 따른 억만장자 리스트도 제공하고 있는데, 결과가 매우 흥미롭다. [표 9.2]와 같이 2000년에는 억만장자의 80% 이상이 중심부 국가 사람인데, 2013년에는 실질적 수렴이 이루어졌다. 중심부 국가가 절반, 그 밖의 국가가 절반을 차지하고 있다. 중국이 이뤄낸 기록 [표 9.3]을 보면, 중국은 거의 10년 동안 또 다른 "대약진"을 했던 것으로 보인다. 2000년 중국에는 억만장자가 한 명도 없었지만, 2013년에는 122명이 되었다. 한국 또한 대단하다. 2000년에는 1명이었는데, 2013년 24명으로 늘었다.

UN에서 사용하는 의미로서의 "신흥 및 발전도상국"의 중요성은 이들이 대외 직접 투자 네트워크 속에서 가지고 있는 강화된 지위로부터 잘 드러난다. 이 국가들은 1970년대에 직접 투자의 약 25%를 받아들이고 있었다. 2000년대에는 확실히 증가하는 경향이 있었으며, 오늘날에는 이러한 투자의 절반이 해당 국가들에서 이루어지고 있다. 또한 이러한 나라들이 행하고 있는 직접 투자의 최근 추이를 살펴보는 것도 중요하다. 최근에는 그 투자 흐름 중 1/4이 그들의 것이다. 외국에 대한 중국의 직접 투자는 2003년에는 미미한 수준에 불과했으나 2012년에는 독일과 프랑스보다 높은 수준에 도달했다. [48]

---

**48**  홍콩의 경우도 마찬가지지만, 이중 계산 없이는 중국과의 합계가 불가능하다.

**2000년과 2013년 세 그룹 국가들의 억만장자 수와 분포**

|  | 2000 |  | 2013 |  |
|---|---|---|---|---|
| 구중심 | 482 | 83.7% | 767 | 53.8% |
| 아시아(일본과 중동 제외) | 47 | 8.2% | 339 | 23.8% |
| 기타 국가들 | 47 | 8.2% | 320 | 22.4% |
| 합계 | 576 | 100% | 1426 | 100% |

출처: <Forbes>, "The World's billionaires"

■ 표 9.3
**2000년과 2013년 억만장자 수: 아시아 5개 국가**

|  | 2000 | 2013 |
|---|---|---|
| 중국 | 0 | 122 |
| 인도 | 9 | 55 |
| 인도네시아 | 2 | 25 |
| 한국 | 1 | 24 |
| 대만 | 6 | 26 |

출처: <Forbes>, "The World's billionaires"

끝으로 우리는 이러한 중심부들이 포위되었을 뿐만 아니라 주변부들 내에서 증대하는 무역 및 투자 순환의 형성을 통해 우회되고 있다는 점을 덧붙일 수 있다. 그러한 흐름들의 대다수가 중심부를 향하고 있기는 하지만, 주변부 국가들은 상호적 교환을 발전시켰다. 자주 언급되는 사례인 브라질을 보면, 중국에 대한 브라질의 대외 무역 비중이 점점 증가하고 있다. 1990년대 말 브라질 수출에서 미국과 유럽이 차지하는 비중은 60%였는데, 2012년에는 37% 정도로 낮아졌다. 브라질에서 중국으로의 수출은 현재 미국에 대한 수출을 초과하고 있다. 유사한 경향이 외국에 대한 직접 투자에서 나타난다. 한국은 흥미로운 사례를 제공하는데, 이 나라는 주로 미국과 유럽에 투자하지만, 2000년대에는 아시아(특히 중국)에 대한 투자가 중심부 국가들 못지않다.

## 자본 축적의 모순과 국제 무역의 불균형

주변부를 향한 직접 투자 및 유입과 성장의 지리학은 중심부의 영토에서 이루어지는 자본 축적이 점차 둔화되고 있음을 보여 준다. 주변부 축적에는 두 가지 원천이 있다. 우선 민족적인 것이다. 어디나 마찬가지로 기업들은 그들의 이윤으로 투자하고 가계 저축을 동원한다. 이 지역의 초민족 기업의 성장이 증명하는 것처럼 이러한 민족적 원천이 가장 중요하다. 두 번째는 오래된 중심부로부터 유래하는 직접 투자의 유입이다. 관리나 생산 기술 이전과 같은 부수적 효과 이외에도 이러한 유입은 해당 국가의 축적에 기여한다. 중심부의 관점에서 보면, 그러한 과정은 대칭적이다. 외국에 대한 직접 투자는 다른 국가의 영토 내의 축적에 우호적인 경향을 나타낸다. 미국에서 그러한 것들이 극적인 방식으로 발전되었다.

**외국에 대한 직접 투자 순유출 플로와 고정 자본 순투자(GDP 대비 %):
미국 비금융 기업**

직접 투자 순유출 플로는 유출 플로에서 유입 플로를 제외한 것과 같다.

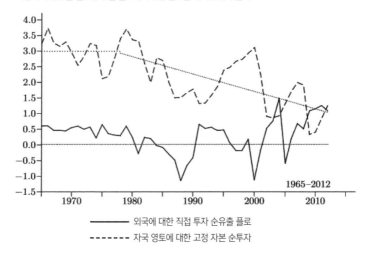

———— 외국에 대한 직접 투자 순유출 플로

------- 자국 영토에 대한 고정 자본 순투자

[그림 9.3]은 신자유주의적 실천에 지배되는 비금융 기업의 고정
자본 투자(실질 투자)의 하락 추세를 보여 주고 있다. 그러한 경향은
외국을 향한 직접 투자 순유출(유출에서 유입을 뺀 것)에서 나타난다.
1990년대 이후로 이러한 경향이 증대되었으며, 국내 영토 내의 순
실질 투자 경향과 겹치고 있다.[49] [그림 9.4]는 유럽에서 나타나는

---

**49** 자본이 대거 유입된 2000년대 이전 신기술 호황 말기와 2008년 위기 발생 직전 두
번 정도 직접 투자 흐름이 마이너스로 나타났다는 것을 볼 수 있다.

**동일 변수: 유럽연합**

고정 자본 순투자와 관련된 데이터는 1999년 이전에는 이용할 수 없었다.

외국에 대한 직접 투자 순유출 플로

유럽 영토에 대한 고정 자본 순투자

동일한 변수들의 흐름을 보여 주고 있다. 유럽연합 비금융 기업의 고정 자본 투자(순감가상각)는 미국과 같이 급격히 감소하고 있다. 미국과 비교해볼 때 유럽의 직접 투자 순유출은 조금 더 낮다. 두 번의 강력한 폭등을 확인할 수 있지만 어떠한 상승 경향도 관찰되고 있지는 않다. [그림 9.4]에서 나타나고 있는 활동성의 정점들 사이에 유럽 영토 내에서 이루어지는 투자의 상당 부분에 상응하는 자본 유출을 확인할 수 있다.

재화 생산의 탈영토화를 보여주는 것들 중 하나가 대외 무역 불균

**상품수지(GDP 대비 %): 2012년 가장 많은 흑자를 올린 4개 국가와
가장 많은 적자를 낸 4개 국가**

위 국가들은 가장 많은 흑자를 올린 국가와 가장 많은 적자를 낸 국가들로 분류되어 있다.
2012년 그 지위에 따른 두 개 집단의 국가들로 나타난다.

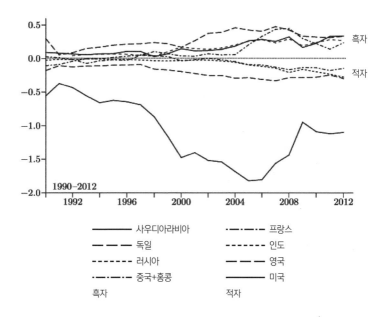

형의 증가다. [그림 9.5]는 2012년에 가장 높은 흑자를 기록한 네 나
라(사우디아라비아, 독일, 러시아, 홍콩을 포함한 중국)와 가장 적자를 본
네 나라(미국, 영국, 인도, 프랑스)의 세계 GDP 대비 경상 수지를 보여
준다. 우선 미국의 적자 수준이 얼마나 높은지 확인할 수 있다. 나머
지는 중심부 국가와 주변부 사이에 명확한 구분이 없으며, BRIC(브

라질, 러시아, 인도, 중국)도 눈에 띄지 않는다. 인도는 적자지만, 중국과 러시아는 흑자다(브라질이 등장하지는 않지만, 그들의 국제 무역은 그 기간에 거의 균형을 이루었다). 다른 한편으로 우리는 2000년대 프랑스와 독일 사이의 분기를 확인할 수 있다. 하지만 모든 것이 산업 생산의 국지화에서 기인하는 것은 아니다. 흑자를 본 나라들의 경우 석유나 천연가스의 보유가 결정적 요인이 되었다. 게다가 재화의 국제적 무역에 서비스와 소득 흐름을 추가할 필요가 있다. 외국에 대한 투자와 신용은 해당 국가가 배당과 이자를 지불하도록 한다. 하지만 약간의 예외를 제외하고는 이러한 흐름을 고려한다고 해서 일반적인 상황이 수정되는 것은 아니다.

(국가 영토 내에서의 축적이라기보다는) 배당 분배 및 기업 주가 유지를 위한 자사주 매입과 같은 신자유주의적 실천들은 가장 이윤율이 높은 곳을 찾아 자본을 주변부로 이동시키고 있다. 이러한 실천은 영미권과 같이 신자유주의적 발전이 두드러진 나라들에서 가장 강력하다.

1) 영국에서 일어난 마가렛 대처Margaret Thatcher의 선택은 급진적이었다. 세계 금융의 중심지인 시티City와 같은 곳의 금융적 활동을 위해 산업은 희생될 것이었다. 영국의 대외 계정이 이러한 선택을 반영하고 있다. 투자에 대한 수입이 증가했고, 투자의 유출만큼 유입도 증가했다. 우리는 영국으로의 투자 유입이 무역 적자를 수정하는 결과로 나타나리라 예상할 수 있다. 무역 적자의 절반 정도가 이

를 통해 보상될 수 있지만, 두 가지 유형의 효과가 중첩되는 경상 수지는 마이너스에 머문다. 결론적으로 영국은 세계의 은행이 될 수 없고, 그러한 균형을 유지할 수 없다. 소비 또는 생산을 위한 재화 수요가 아주 강력하게 남아 있기 때문이다. 최근 들어 금융 시장으로 변신한 룩셈부르크와 같은 작은 나라들만이 경상 수지 균형을 유지하면서 금융화라는 극단적 경로를 택할 수 있었다. 룩셈부르크는 미국에 이은 두 번째 세계 투자 기금의 중심이며, 유로존에서 가장 큰 민간 은행의 센터로 자리매김하고 있다. 이 나라 GDP의 46%가 금융 활동으로부터 나온다.

2) 미국의 상황이 가장 모호하다. 금융 기관들의 발전과 자본 수출이라는 측면에서 모두 동일한 경향을 보이고 있다. 이 나라는 특정 첨단 분야의 생산과 연구 부문에서 훌륭한 수준을 보유하고 있다. 미국인이 획득한 노벨상이나 특허들이 그것을 증명한다. 또한 이 나라의 경제는 여전히 특정 부문에서 선두를 달리고 있다. 하지만 미국의 선택은 노동력 활동과 종래의 산업을 훼손시키게 되었다. 결국 미국은 가장 많은 대외 적자를 가진 국가가 되었다.

3) 유럽 대륙의 상황은 다양하다. 독일은 아시아의 한국과 마찬가지로 영미식 모형의 한계를 가장 명백히 표현하고 있다. 우리는 이전 장에서 직접 투자와 관련된 이 나라의 전략들을 묘사한 바 있다. 이러한 선택의 결과는 대외 무역과 관련해 명백히 드러나는데, 독일은 거대한 구조적 잉여를 보유하게 되었다. 이 나라는 세계 다른 지

역에 대한 부채가 없으며, 민간 또는 국가 부채의 증가로 고통을 겪지도 않았다. 1990년대 이후로 프랑스는 금융 세계화의 길에 참여했다. 그 결과는 바로 대외 무역 적자였다.

## 보호주의의 등장

짐작할 수 있는 바와 같이 자유 무역을 지지하는 수많은 논의가 존재하지만, 다양한 보호 수단을 통해 국내 산업을 보호하려는 의지는 여전하다. 이러한 경향은 주변부나, 적자에 시달리고 있는 국가에만 해당되는 것이 아니다. 중심부 또한 이와 관련이 있다. 2008년 위기는 보호주의의 등장을 촉진시켰고, 그러한 움직임은 2012년 이후로 가속화되는 것처럼 보인다. 이러한 움직임은 신자유주의적 세계의 원칙과는 모순된다.

관련된 연구들에서 보호주의에 대한 광범위한 정의가 존재하는데, 그것은 일반적으로 자유 무역에 대한 장애물을 의미한다. 이러한 용어는 수입품에 대한 쿼터 부과와 관련되어 있고, 관세의 부과, 기술 및 환경 기준의 부과, 특정 원재료 수출에 대한 금지 및 공적 시장 내의 국내 산업에 유리한 기준 적용 등을 표현하는 것이기도 하다. 이러한 실천이 오직 무역 과정에만 관련되어 있는 것은 아니며, 이는 직접 투자에도 영향을 준다. 경제정책연구소CEPR의 보고서에 따르면, 자유 무역 규칙을 우회할 목표로 취해진 현실적 수단들을 추가적으로 열거하고 있다.[50] 2012년 4/4분기와 2013년 1분기와 2분기에 이러한 수단들이 강력히 성장하고 있음을 목격할 수 있다.

관세는 WTO에 의해 고정되어 있거나 약화되었다. 특정 차량에 대한 이산화탄소 배출 기준치를 부과하는 것과 같이 환경과 기술 기준을 높이는 방식의 새로운 보호 기준이 등장했다. 그것은 이러한 기준에 구체적으로 조응하는 상품을 생산하는 수출업자에게는 필수적인 것이다. 다른 방식의 중요한 진화 과정이 나타나기도 했는데, 바로 다자 간 협상을 양자 간 협상으로 대체하는 것이다. 미국과 한국 간의 FTA 협약을 들 수 있으며, 미국에 의해 사실상 주도되는 유럽연합 및 일본과의 협상도 들 수 있다. 우리는 WTO가 주도했던 도하라운드가 159개 회원국의 서로 다른 이해들을 논의하는 과정에서 실패했다는 사실도 이미 알고 있다.

## 불안정한 금융 흐름과 저항 중인 주변부

영미식 금융은 자본의 국제적인 자유로운 이동에 유리하게 활동한다. 자본 운동을 막는 장벽에 대한 혐오는 각종 유형의 운용 방식으로 나타난다. 외국에 대한 직접 투자 또는 더 불안정한 자본 흐름 등

---

**50** S. J. Evenett, "Protectionism' Quiet Return", *GTA's G8 Pre-Summit Report*, 〈*Center for Economic Policy Research*〉, London, 2013.

이 그것이다. 이러한 금융적 흐름은 자본의 모집(특히 특정 국가에서 이루어지는 낮은 비용의 차입) 및 금융 운용의 실현 과정에 기여한다. 전자의 것은 명백히 후자를 위한 자금 모집에 관련된 것이며, 이는 종종 아주 큰 부채 비중으로 나타난다. 이와 관련하여, 특정 화폐에서 다른 화폐로 전환되는 국제적 메커니즘을 가진 상당 양의 자본을 확인할 수 있다. 기업의 경영진에 대한 훈육을 목표로 하는 투기적 기금의 행위가 일례를 제공하지만, 특히 증권 시장에서 이루어지는 투자 또한 쟁점이 된다. 우리는 여기서 "캐리 트레이드"라고 말하는 운용 방식에 대해 연구할 수도 있다. 이자율이 더 높거나 증권 시장에서 상당한 수익을 올릴 수 있을 거라 예상되는 다른 나라에 투자하기 위해 이자율이 낮은 나라에서 자금을 차입하는 투기적 기금을 말한다. 이 운동의 교란적 효과는 크다. 이러한 거대한 자본이 어떤 화폐에서 다른 화폐로 전환될 때 그것은 심각한 환율 변동의 원인이 되며, 목표 국가의 증권 시장은 폭등과 추락을 경험한다.[51] 1990년대 주변부의 위기를 통해 이러한 실천의 불안정성이 충분히 나타났다. 아이슬란드, 키프로스, 아일랜드와 브라질에서 나타난 현실적 위기들이 그것을 증명한다.

주변부 국가들에서 이러한 위험에 대한 인식이 증대하고, 점차 확

---

[51]   G. Duménil and D. Lévy, 《*The Crisis of Neoliberalism*》, op. cit., pp. 122-123.

대됐다. IMF의 역사는 이와 관련된 원칙들을 증명한다. IMF의 초기 헌장(1944년)은 자본에 대한 통제를 명시하고 있었다. 우리는 그 기금의 방향이 1970년대, IMF 운영을 좌지우지할 수 있는 역량이 있던 미국과 OECD의 압력 아래서 자유화로 틀어지는 과정을 떠올릴 수도 있다. 하지만 1990년대 위기 속에서 나타났던 이러한 운동의 유해한 효과는 반발을 불러일으키기만 했다. 특정 회원국들의 영향력 하에서 IMF는 위기 상황에서 자본 통제라는 원칙을 받아들여야만 했다.[52] 그와 같이 자유로운 자본 유통을 옹호하는 사람들의 후퇴가 지속되고 있다. 흔히 캐리 트레이드가 행하는 투기적 운용의 목표 국가가 되는 브라질에서 그러하며, 다른 나라들, 즉 과거에는 제한적 방식으로만 받아들이고 있던 태국이나 한국 같은 나라들이 그 뒤를 따르고 있다. IMF는 위기 기간 이외에도 자본의 통제를 정당한 실천으로 인식하게 되었다. 2013년 인도 루피화 위기에 대한 반응은 이러한 저항이 상당히 증대했음을 보여주고 있다. 남아프리카공화국을 포함한 BRICS 국가는 자본의 무자비한 운동에 대한 방어적 성격의 공동 기금을 만드는 계획에 함께하고 있다. 마지막으로 이러한 자본 운동과 탈세 사이의 긴밀한 관계를 환기시킬 필요가 있다. 케이맨 제도의 야자나무들이 금융 세계화라는 숲을 가리고 있다.

---

**52**  R. Abdelal, The IMF and The Capital Account, in E. M. Truman, 《*Reforming the IMF for the 21st Century*》, Institute for International Economics, Washington, 2006, p. 186.

# 미국-유럽: 야망, 우파들의 수렴과 분기

대강 묘사해 본다면 유럽과 미국의 우파 프로그램은 서로 닮았다. 그들은 위기의 후과를 민중 계급에 떠넘기려 하고 있다. 하지만 신자유주의는 중대한 수정을 감내하지 않고서는 위기 이후에 살아남을 수 없을 것이다. 우리는 이미 그러한 조정의 징후가 나타나고 있음을 안다. 이 장에서는 미국과 유럽의 구체적 차이를 더 치밀하게 검토할 것이다. 즉 우리는 이 두 지역과 관련해 조금은 다르게 예측하고 있다.

### 미국에서 신자유주의적 경로의 연장

여기서 우리의 작업 가설은 미국에서 여전히 신자유주의의 근본적 궤도가 발견되고 있다는 것이다. 우선 이 나라가 높은 발전 수준에서 이러한 사회 질서 및 논리들을 밀어붙였다는 점은 잘 증명되었다. 저항하고 투쟁하는 사람들이 없는 것은 아니지만, 미국은 매우 강력한 수준의 사회적 통제를 행하고 있다(경찰, 정치 및 이데올로기, 교육과 정보, 종교라고 말하지는 않지만 종교 수준으로 승격된 소비주의). 이러한 이유로 급진적인 사회적 투쟁의 기회는 아주 제한적이라고 할 수밖에 없다. 두 번째 역시 강력한 것인데, 그들은 신자유주의를 통해 모든 것을 이루려고 했다. 그것은 영미 제국의 놀라운 능력과 관련이 있다. 금융 기관(자본가 계급 상위 분파의 배후에 있는)이 세계 생산 체계의 중요 부분을 통제한다. 우리는 비금융 및 금융 초민족 기업들의 거대한 조직에 기초한 미국의 경제적 헤게모니를 고려하면서 더 익숙한 언어로 동일한 생각을 표현하려고 한다. 생산의 재영토화를 위해 이러한 세계적 전개 과정을 위태롭게 할 수도 있는 수단들이 실행되는 것을 상상하기는 어렵다.

이러한 진단과는 다르게 금융 및 경제의 위기와 미국의 국제적 헤게모니의 쇠퇴가 신자유주의적 선택지와는 반대 방향으로 가는 민족주의 또는 애국주의의 부활을 일으킬 수 있으리라는 예측이 가능하다(우리는 이를 '민족적 요소'라고 부른 바 있다). 이러한 결정 요소는 엄청난 잠재적 변화를 일으킬 것이다. 그것의 효과는 거대한 격변 없이 위기로부터 탈출할 수 있다는 생각을 일으킬 만한 민족 경제의 르네상스의 현실적 징후와는 다르다. 만일 아무것도 손해 보는 바가 없다면 변화할 이유도 없을 것이다.

## 미국의 일시적 호전
## : 경기 후퇴로부터 부분적 탈출

유럽에서 볼 때, 미국의 경제적 상황은 상대적으로 좋아 보인다. [그림 10.1]이 보여 주는 바와 같이 2008~2009년 경기 후퇴는 심각했고 상당히 지속되었으나, 2009년 중반 이후 상대적으로 낮은 비율이기는 하지만 안정적 성장으로 복귀했다. 여러 지표들이 이러한 회복을 확인해 준다. 예를 들어 가계에 대한 판매에서 새로운 증가 경향이 나타났다. 자동차 판매가 경기 후퇴 이전 수준을 초과하고 있다. 아직 모든 것이 좋은 건 아니었다. 산업 생산은 2008년 위기 이전 수준으로 회복되지 못했다. 2013년 7월 산업 생산은 2007년 12월 정점에서 2% 밑에 있었다. 우리가 2013년에 평가한 것처럼 새로운 경기 순환으로부터 그러한 윤곽이 뚜렷해지고 있다. 미국 경제는 상승 국면에 있는 것으로 판명된다(그러한 순환의 연속은 [그림 9.3]에서 묘사된 투자의 흐름 속에서 더 명확하게 나타나고 있다). 기간 말에 나타나는 투자의 회복은 경기 후퇴로부터 탈출하고 있음을 보여주지만, 지금으로서는 그 여정의 중간쯤에 이르러 있다고 볼 수 있다.

잘 알려진 문제는 가계 부채다. 그것은 2008년 위기를 일으킨 바로 그 요소였다. 1964년과 1984년 가계 부채가 가처분 소득(조세 후 수입) 대비 66% 수준에 도달한 이후 위기 이전에는 134%까지 치솟았다. 2013년 1/4분기 그 비율은 여전히 112%다. 무엇보다도 자신

**GDP(지표, 2007~2008년 최대치=100): 미국과 유럽**

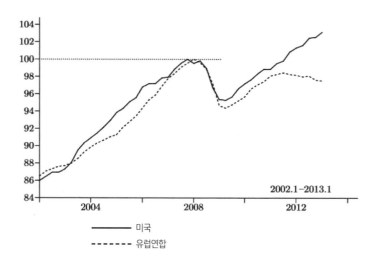

의 채무와 그에 상응하는 이자를 갚을 수 없는 상환 불능에 빠진 가계들이 서브프라임 위기 기간에 도달한 최고점보다 가까스로 낮은 수준에 머물고 있다는 점을 확인할 수 있다. 이는 매우 놀라운 사실인데, 미국 정부(주요 기관들, 페니매, 프레디맥 및 연준의 지원과 더불어)는 이러한 담보 대출을 보유한 금융 기관에 풍부한 자금을 공급했지만, 그를 통해 확보된 유동성은 연준 내의 금융 기관 계정에 예치되기에 이르렀다. 그것은 가계의 부실 채권보다는 중앙은행 계정이 더 안전하다고 평가했기 때문일 것이다. 연준으로부터 연준으로 이어

**GDP와 공공 부채 성장률(%): 미국**
성장률은 전년 대비 성장률이다.

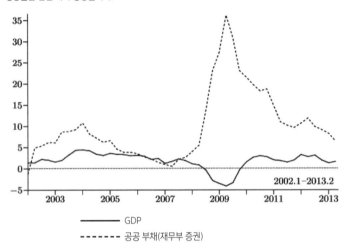

지는 이러한 순환은 대부자들의 계정을 건전하게 만들었지만, 경제에 신용을 공급하지 않았고, 따라서 수요를 촉진하지도 못했다.

이러한 회복은 꽤 적극적인 정책적 지원 덕택이었다. 주택 담보 대출에 대한 자금 지원 및 위기 상황에 있는 금융 기관 구제를 넘어 정부 적자는 2009년 GDP의 12%에 도달하게 되었고, 정부 부채는 급증했다. [그림 10.2]는 경기 후퇴 시기 공공 부채의 성장률이 2009년 2/4분기 (전년 전 분기 대비) 36%까지 치솟는 것을 보여주고 있다. 우리는 또한 이러한 비율이 기간 말에도 생산 성장률보다 훨씬 더 높은 수준에 머물고 있다는 점을 확인할 수 있다. 2013년 2/4분기 부채의 성장은 둔화되었고, 공적 지출에 대한 상한선을 통해 정부의 경제적 활동을 구속했다. 하지만 연준은 상당한 양을 계속적으로 주입했다. 이를 통해 재무부가 방출한 이전의 증권을 되사들이게 되었다.

## 미국은 세계화의 위협에 대처할 수 있는가?

뿌리 깊게 정착된 신자유주의적 동역학과 강력한 중앙 집권적 행위 사이에는 상당한 차이가 있다. 주식 가치 극대화를 목표로 하는 기업 관리라는 교리가 도전받으리라곤 누구도 예상하지 못했다. 이윤은 항상 '넉넉하게' 배당되었으며, 자사주 구매가 계속되었다. 만약 우리가 비금융 기업 부문을 전반적으로 고려하면 (주식과 채권 발행을 통해) 모집된 자본은 주식을 구매하는 데 재사용되었다. 이를 통해 우리는 여전히 투자율이 계속 하락할 것이라고 예상할 수 있을 것이다. 어떻게 그러한 조건에서 만족스러운 성장이 가능할 것인가?

이러한 신자유주의적 경영 관리와 자본 수출을 지향하는 정책은 미국 경제의 구조적인 대외 무역 적자를 부추겼다. 이러한 적자는 위기 이전인 2006년 GDP의 5.6%까지 증대했고, 그 뒤에 감소하긴 했지만 2012년에도 여전히 GDP의 3.4% 정도에 머물고 있다. 그에 상응하여 미국 경제가 갖는 세계 나머지 지역에 대한 자금 조달 의존도는 점점 증가했다. 국민 경제의 활동성을 유지하고 수요를 지탱하기 위해 이러한 무역 적자의 디플레이션 효과는 5장에서 이미 살펴본 것과 같이 신용에 의해 뒷받침되어야 했다. 하지만 누가 미국에 계속 빌려줄 수 있을까? 국가? 이러한 지출은 부채의 급등으로 달러에 부과되는 위협 또는 법칙을 통해 제한된다. 가계가 할 수 있을까? 그들은 이미 부채가 과도하다. 비금융 기업들? 그들에 대한 신용은 투자를 그다지 자극하지 않을 것이고, 자사주 매입에 자금을 쏟아 부을 것이다.

노동자의 처지나 생태적 관점에 부합하는 것은 아니지만, 확실히 경제적 관점에서 유리한 동전의 다른 면이 존재한다. 여기엔 세 가지 특징이 뚜렷이 부각된다. 낮은 임금, 노동 신축성, 셰일 가스다. 다른 중심부 국가들에 비해 미국은 낮은 노동 비용과 에너지 비용을 활용할 수 있다. 이러한 것들은 수출 및 산업 기업 경쟁력을 상당히 강화한다. 가장 큰 기업 컨설팅 기관 중 하나인 보스턴컨설팅그룹BCG은 2015년 미국의 생산 비용이 일본과 유럽의 경쟁자들에 비해 8%에서 18%까지 낮다고 평가했다. 낮은 임금 이외에도 미국 기업은 강력한 노동 유연성 덕을 보고 있으며, 다른 선진국들에 비해 노동자를 쉽게 해고할 수 있다. [53] 또 다른 측면이자 가장 중요한 것은 값싼 에너지다. '수압 파쇄 방식에서 나타난 급속한 기술 진보가

---

**53** 보스턴컨설팅그룹의 보고서는 예를 들어 독일의 경우 법적으로 해고 노동자가 몇 달 또는 1년 이상 임금을 그대로 받으며 기업 내에 머무를 수 있다고 설명하고 있다.

광범위한 천연가스 매장량을 이용할 수 있도록 해준다. 2003년 이래 미국의 셰일 가스 생산은 10배 이상으로 늘었으며, 그것은 2005년 이후 천연가스 가격을 반 토막 냈다.'[54] 이러한 이점은 미국이 일본과 유럽의 비용보다 3배 싼 가격으로 가스를, 그리고 2배 내지 4배싼 가격으로 전기(이러한 가스로부터 얻을 수 있는)를 이용할 수 있게해 준다. 따라서 이는 매우 낙관적인 예상이며, 미국으로의 생산 재영토화 및 대외 무역 적자의 상당한 감소를 예측할 수 있도록 해 준다. 세계화라는 도박판에서 이들은 이익을 얻을 수도 있을 것이다.

이러한 경향들을 어떻게 평가할 수 있을까? 라틴 아메리카의 독재 시절과 마찬가지로 미국 사회도 노골적이고 절대적인 수단을 통해 모든 권리를 압박했다. 노동자에 대한 압력, 여기에는 중간 계급에 대한 압력도 포함된다. 우리는 미국에 용이한 셰일 가스와 같이 그들의 경쟁자들보다 더 유연하고 값싼 노동력으로부터 지속적으로 혜택을 볼 것이라 주장할 수 있을까? 세계 다른 지역들은 이러한 비용 하락 과정을 언제까지 지켜보기만 할 것인가? 미국은 유리한 지위를 점하겠지만, 이것이 얼마 동안 가능할 것인가? 마지막으로 보스턴컨설팅그룹 보고서는 신자유주의적 실천을 통해 미국 경제에 부과되고 있는 압력을 확인한 것 같지는 않다. 단지 경쟁력의 문

---

**54** H. S. Sirkin, M. Zinser et J. Rose, ⟨*Behind the American export surge. The U.S. as one of the developed world's lowest-cost manufacturers*⟩, The Boston Consulting Group, 2013, p. 7. www.bcgperspectives.com.

제가 아니라 일반적인 축적은 물론이고 민족 영토 내의 축적도 목표로 삼고 있지 않은 기업 지배 구조가 문제인 것이다.

따라서 미국식 신자유주의 앞에 여전히 화창한 날이 남아 있는 듯 보이지만, 미국이 그 헤게모니를 장기적으로 추구하기는 힘들어 보인다. 미국은 이러한 문제에 대해 여전히 잘 의식하지 못하고 있는 것 같다. 만약 오늘날 이 나라에 경종을 울릴 사회적 행위자가 존재한다면 군대 쪽에서 찾을 수 있을 것이다. 우리는 사실상 군수 관련 종사자들이 특히 미국 산업, 즉 군수 산업의 상대적 쇠퇴에 신경 쓰고 있다는 점을 쉽게 확인할 수 있다. 엄격하게 '시장적인' 메커니즘에서 탈출하라는 요구는 명확하다. 가시적으로 다른 나라들의 산업적 진전이 관찰되는 가운데, 국방 대학 보고서의 저자들은 가장 근본적인 신자유주의적 선택지에 의문을 제기하고 있다. '긴 세월 동안 금융 산업의 모범이 되어 온 미국의 지위에 도전할 수 있는 경쟁자는 이제까지 없었다. 금융적이고 경제적인 중요성이 증대하고 있는 일부 국가들 및 최근 미국 금융 체계의 쇠퇴와 연관된 효과를 보면 미국이 가지고 있는 지도력의 미래에 의문을 품을 수밖에 없다. 미국식 경제 체계를 채택하는 데 조심스러웠던 국가들이 위기를 더 잘 견뎌낼 수 있었다. 금융 시스템을 더 엄격하게 통제했던 브라질과 중국 같은 국가들이 위기를 더 잘 버텨내고 있는 것이다. 최적의 성격을 가지고 있다고 평가되던 미국적 체계는, 보다 통제된 방식으로 상당한 성과를 내고 있는 체계들은 물론이고, 미국적 체계가 발생시키

는 최근의 취약성으로 인해 도전받는 지경에 이르렀다.'[55] 애국주의
(또는 민족주의)가 지도적 계급의 관심과 충돌하게 되는 것인가?

## 제국의 중심, 사회 질서의 변화 외에는 다 한다

지금 미국은 신자유주의를 지속적으로 추구하기 위해서 더 확장된
국가의 개입을 필요로 하고 있다. 위기 기간 동안에 이미 중앙 기관
들은 결정적인 역할을 하고 있었고, 붕괴해 버린 경제를 구원하고 있
었다. 뉴딜이 즉각적으로 떠오르는 순간이었다. 하지만 과거의 경
우, 세계적 층위에서 성장하던 노동자 운동 세력이 자본가 계급의 강
력한 위협이 되었고, 좌파적 타협으로 이어졌다. 현재의 상황은 완
전히 다르다. 1929년 이후 첫 번째 금융 헤게모니는 유지될 수 없었
는데, 신자유주의가 계속 연장될 수 있을지는 확신할 수 없다. 현
실 상황과 관련된 불확실성은 현재 관찰되는 전환의 가역성과 관련
되어 있다. 그러한 것들은 취해진 조치들이 위기에 대한 일시적 대
처일 뿐임을 나타내는가? 상위 계급의 특권을 영속하기 위해 국가
적 틀을 강화하는 새로운 단계 내에서 신자유주의가 개시됨을 보여
주고 있는가? 만약 바로 그러한 경우라면 우리는 그것을 '관리된 신

---

**55** National Defence University, Financial Services Industry, The Industrial college of the
Armed Force, Final Report, Spring, 2012, p.3.

자유주의'라고 부를 수도 있을 것이다.

이러한 새로운 개입 경향은 분명 이미 시작된 것처럼 보인다. 2008년 위기의 결과로 상대적으로 야심찬 법이 금융 부문에 제동을 걸었다. 도드-프랭크Dodd-Frank법이다. 그 실행은 공화당에 의해 부분적으로 정지됐지만, 그러한 조치 자체는 새로운 경향을 제시하는 것이었다. 2012년 이래로 배당 분배 또는 거대 은행들의 자사주 매입은 연준의 예비적 승인으로만 가능하게 되었다(이는 작은 첫 진전이었다). 민간 증권화 과정은 실질적으로 사라지게 되었고, 부동산 신용을 일으키기 위한 은행의 새로운 자금 조달은 이러한 목적으로 창조된 주요 기관(연준이 지원하는)의 수중으로 되돌아왔다. 우리는 또한 바젤III 협약 내에 은행들을 관리하는 건전성 규정Régles de Prudence의 재강화 조건이 첨부되었다는 점에도 주목할 수 있다.

또한 다른 곳과 마찬가지로 미국에서도 자유 경쟁 규칙에 대한 위반이 증가하고 있다는 점을 고려할 필요가 있다. 새로운 규칙들 이외에도 산업의 재정착을 추진하기 위한 조세 경감책이 등장하고 있는데, 각각의 직능 단체 속에서 발현되는 산업의 근본적 요구도 그것이다. 2013년 예산에 대한 논의에서 버락 오바마는 혁신 및 연구, 그리고 대체 에너지를 활용한 교통수단을 제조할 수 있는 재영토화 주장들을 되풀이했다. 하지만 예산 집행이나 프로젝트에 대한 자금 조달이 되지 않고 있다는 점 또한 상기할 필요가 있다.

이에 대한 평가는 제기되기 쉽다. 만약 미국 경제가 중앙은행의 개입을 통해 지탱되어야 한다면, 그러한 행위들은 반드시 실행될 것이다. 만약 환경에 대한 위험이 가중된다 하더라도 새로운 에너지 원천이 필수적이라면 승인될 것이다. 만약 '노동 시장'이 여전히 규제 완화로부터 이익을 얻어야 한다면, 그러한 수단은 실행된다. 더 일반적으로 금융 또는 산업이 규제, 규제 완화 또는 그들의 특권을 유지하기 위한 보조가 필요하다면 이러한 것들 모두 실행된다. 이러한 새로운 형태의 관리된 신자유주의의 윤곽이 명료해짐에 따라 아주 '자유로운 것'은 아니지만, 그 계급적 목표를 유지할 수는 있게 되었다. 앞으로 다가올 미래에 이러한 개입이 충분한 성장 궤도를 보증하는 것인지 그리고 새로운 위기가 도래하는 것을 피할 수 있을 것인지가 드러날 것이다.

중앙 기관 관리자들에게 부여된 역할로 인해 이러한 경향들이 더 강화되고 공고화될수록 수정된 신자유주의는 더 신관리주의에 가깝게 이동할 것이다. 이는 다소 가까운 또는 멀리 떨어진 미래 속에 개방되어 있지만, 지금으로서는 정부 개입이 가장 두드러진 모습을 띠고 있다.

## 유럽
### : 어려운 상황과 통합 유럽의 미래를 위한 결정적 출구

2013년 말의 관점에서 보면, 유럽 경제는 미국 경제와 상당한 공통

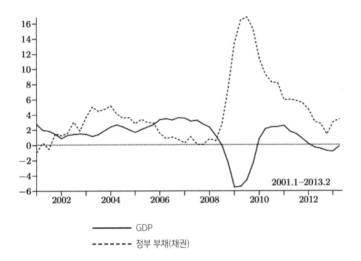

■ 그림 10.3
**GDP와 공공 부채 성장률(%): 유럽연합**
성장률은 전년 대비 성장률이다.

――――― GDP

------- 정부 부채(채권)

점을 공유한다. 투자 감소 경향 및 상당수의 유럽 국가들이 보유하고 있는 높은 수준의 공적/민간 부채 및 경상 수지 불균형이 그것이다. 물론 유럽 전체를 보면 경상 수지는 균형이다.

이 두 지역, 미국과 유럽 대륙에서 2008~2009년 위기는 대규모의 정부 예산 적자를 불러일으켰다. 미국은 이와 관련된 유럽의 기록을 깼다. 공권력이 이러한 적자를 훨씬 잘 뒷받침하고 있었다. 유럽에서는 '긴축'이 마술사의 주문처럼 인식되었다. 이것이 각 나라의 경제가 겪고 있는 별개의 과정을 설명할 근거가 될 수 있다.

거대한 분기 ●

2008~2009년 경기 후퇴에 뒤이은 회복은 유럽에서 일시적일 뿐이었다.

유럽 긴축 정책의 효과는 매우 위험하다. 그 결과로 생긴 수요의 위축은 성장에 부담이 되었고, 경기 후퇴 과정에 있는 경제를 불황으로 몰고 갈 위험이 존재한다. [그림 10.3]은 유럽의 공공 부채 및 GDP 성장률을 보여주고 있다([그림 10.2]는 동일한 변수의 미국의 경우다). 2000년에서 2008년까지 두 개의 성장률은 수평적 경향(그것은 평균적으로 일정했다) 주위에 변동하고 있으며, 국가 부채는 GDP와 동일한 속도로 증대되고 있었다. 경기 후퇴로 진입하면서 부채는 급격히 팽창했고, 2009년 3/4분기에 절정에 이르렀다. 우리가 무엇보다 관심을 두는 것은 두 변수가 함께 하강하고 있다는 점이다. 부채의 증가를 막기 위해 실시되는 정책이 경기를 후퇴시키고 생산 성장률을 감소시키고 있다. 그림의 마지막 부분에서 우리는 마이너스 성장률로 진입했음을 확인할 수 있다. 성장과 공공 적자 사이의 인과 관계를 부정하기는 어렵다. 기적이 없는 한 유럽 정부들은 긴축 정책을 완화해야만 할 것이다. 이는 최근 이미 관찰되고 있다. 하지만 우파적 교리를 위반하지 않고 부채의 증가를 억제하고 그것을 위해 자금을 마련할 수 있을까? 우리는 특정한 국가들 내에 있는 상당한 비중의 민간 및 공공 부채 때문에 이러한 경기 후퇴로의 진입이 금융 위기마저 일으킬 수 있다는 점에서도 주의를 기울이고 있다. 유럽 은행 동맹l'Union Bancaire의 창설은 이러한 위험을 억제하기 위해 유럽적 기관들로부터 유래한 하나의 시도다.

6장과 8장에서 이루어진 프랑스와 독일 경제 사이의 비교 및 스페인의 위기에 대한 분석은 유럽 국가들 사이에 일어나고 있는 중요한 분기점을 보여준다. 2003년 이후로 독일과 프랑스 산업 생산 및 2012년에 두 나라 사이의 실업률(독일의 5%와 프랑스의 11%, 그리고 스페인은 26%) 간 대조가 특히 인상적이다. 그러한 차이들은 각각 금융 부문 또는 산업 부문을 우선시하는 경로를 선택한 1990년대 말 이후로 축적되었다. 위기가 발생하자 이러한 운동들은 경제의 가장 취약한 부문의 추락을 통해 명확히 드러나기 시작했다. 우리는 이러한 스페인 산업 부문에서 발생한 연쇄를, 더 작은 규모였기는 하지만 프랑스 경제가 겪었던 동일한 성격의 청산 과정을 강조하면서 묘사한 바 있다. 프랑스의 경우 지독하게도 금융적 경로의 끝은 이중적인, 즉 산업과 금융 모두의 실패였다.

전반적으로 유럽의 창설과 그 연속적 확장 이래로 유럽에서 벌어진 수렴 과정은 중단되지 않았을 뿐만 아니라 역전되지도 않은 것처럼 보인다. 현실적 정책은 이러한 경향을 강화시키기만 했거나 적어도 유럽 건설의 역사 속에서 이러한 완전히 새로운 현상에 대한 무능력 또는 무관심을 드러냈다. 만약 이러한 정책들이 연장된다면 유로존은 폭발하고 말 것이다.

## 유럽의 우파적 컨센서스
## : 신관리주의적 탈출?

소유와 관리 사이의 명백한 모순에도 불구하고 유럽 상위 계급의 이러한 두 개의 구성 요소가 조우하는 곳에서 민중 계급에 대항하는 그들 공통의 전선이 형성되어 있으며, 이는 특히 임금 노동자 대다수에게 실행되는 압력(유럽 대륙에 대한 이러한 공격을 지연시키는 투쟁들에도 불구하고)과 특히 관련되어 있다. 앙겔라 메르켈Angela Merkel이 좋아하는 통계가 있는데, 그것은 "7%, 25%, 50%"이다. 유럽 인민은 세계 전체 인구의 7%이고, 유럽은 세계 (명목) GDP의 25%를 생산하고 있으며, 세계 전체 사회적 지출의 50%를 차지하고 있다는 통계다. 메르켈과 마찬가지로 사람들은 이 약점을 알고 있으며, 유럽 민중 계급이 여전히 방어하려고 하는 것의 의미 또한 알고 있다.

유럽과 미국 우파의 정책은 서로 일치한다. 미국에서 전통적인 산업 지역의 탈산업화(디트로이트의 실패가 그 상징적인 형상이다)는 노조의 후퇴, 임금 감소, 노동자 권리 쇠퇴로 이어졌다. 유럽에서 우파적 정책은 동일한 것이었지만, 미국보다는 늦었고 적자를 겪는 국가들을 압박하는 형태를 취했다. 미국과 마찬가지로 위기의 결과로 가장 위험하게 된 부문들의 임금 소득자들이 비극적 운명에 처하게 되었다. 그러한 우파 정책은 예산 균형을 권고했을 뿐 아니라 독일은 자신들이 선호하는 방식(가격 경쟁력)을 다투어 반복했다. 이러한 권고는 명확히 노동 비용의 절감을 노골적으로 선동하는 것이다. 하지만 이를 더 분석해 보면 결국 경쟁력에 대한 요구는 '금융'적 전략으로부터 '산업'적 전략으로 모형을 바꾸라는 권고와도 일맥상통한다는 점을 알 수 있다. 우파들이 상당히 수렴하고 있다는 점 이외에 프랑스와 독일 사이의 분기가 보여주는 것에 대한 이데올로기적 해석을 명확히 할 수 있다. 이는 여러 다른 나라들의 선택으로 이어질 수 있지만 이 영역에서 금융의 이해라는 것이 직접적 쟁점이 된다.

은행 동맹과 관련된 논쟁이 국가들 사이의 상당한 간격을 증명한다. 한편에서는 독일이 다른 한편에서는 프랑스와 스페인이 대결하고 있다. 독일은 지역 경제에 자금을 조달하는 데 중요한 역할을 하는 지역 은행Landesbanken을 방어하고 있으며, 그 대신 그들은 유럽중앙은행ECB이 유럽 대륙 금융 안정성 위협 요소인 '체계적' 형태의 위험을 평가하면서 주요 은행들에 대한 필수적 통제를 시행해야 한다는 데 절대적 지지를 보내고 있다. 이러한 독일의 제안에 대해 프랑스 은행가들은 다음과 같이 선언했다. '유럽중앙은행이 프랑스의 은행 100%를 통제하고 그에 반해 독일 은행의 10%만을 통제하는 그러한 체계를 원하지는 않는다.'[56] 이러한 코멘트는 두 나라가 가진 고유한 사회적 질서의 형세를 반영하는 금융 구조의 차이를 되풀이하고 있다(신자유주의와 신관리주의적 측면의 여러 가지 배합). 앙겔라

---

[56] 〈*Le Figaro*〉, 2012년 10월 10일 자.

거대한 분기 ●

메르켈의 이념은 그들의 금융 및 산업적 이해관계와 더불어 독일식의 신자유주의/신관리주의의 잡종 형성이 가지는 다양한 구성 요소들을 구체화한다. 프랑수아 올랑드는 프랑스 주요 은행들의 대변자가 되기를 주저하지 않았다.

우리는 그와 같이 유럽 사회 질서의 잡종 형성이 갖는 상당히 모호한 성격을 이해하고 있다. 한편으로 우리는 영미식 신자유주의(모델인 동시에 하나의 제국인)에 대한 유럽의 상대적 자율성 및 유럽의 특정한 관리 네트워크로의 종속이라는 점에서 유럽 대륙에서 신자유주의를 지양할 수 있는 쇄신의 요소를 볼 수 있다. 또 다른 한편에서 신자유주의-신관리주의-산업주의적인 (독일의) 경로와 신자유주의-금융이라는 (프랑스적) 경로 사이의 대립이 매우 강해 유럽 대륙의 폭발 위험이 크다는 점도 확인할 수 있다(오늘날 이는 거시 경제적 궤도 속에 명확히 반영되어 있다). 그리고 이러한 대립이 독일 경제 자체를 관통하고 있음도 잊어서는 안 된다. 우리는 폭발적 민중 운동이 부재한 가운데 미래를 주도할 새로운 모델을 제시하지도 못하는 우파들이 민중 계급을 위한 것도 지배 계급을 위한 것도 아닌 경쟁자들 사이의 협력을 지속해 나갈 것이라 진단한다. 민중 계급의 파국적 결과는 말할 필요도 없을 것이다.

11장

# 유럽: 좌파적 타협, 보존과 지양의 경계에서

우리가 경험하고 있고, 이미 공고화되어 있는 역사적으로 곤경에 빠져 있는 사회 진보의 상황에 대한 불편한 관찰로부터 이글을 시작했지만, 우리가 처한 유럽의 상황이 보다 나아질 수 있다는 희망을 제시하며 끝맺으려고 한다. 당의 강령을 쓰겠다는 의미가 아니라 지금까지 서술한 것과 사회 진보 경로의 재개방에 도움이 되는 것들을 이야기하려는 것이다. 그것은 바로 거대한 분기라는 역사적 정세 속에서 '좌파적' 지류를 향해 나아가는 것이다. 이는 자본가의 지도력이 보존되는 관리된 신자유주의가 지속되는 것이나 관리자들이 지도하는 신관리주의적 경로가 개방되면서 자본가들이건 관리자들이건 간에 그들의 지배가 공고화되는 것을 차단하려는 시도를 의미한다. 역사적 동역학에 대한 우리의 해석에서 관리자 계급은 단순히 보조적 역할에 머무는 자가 아니라 계급 투쟁 전반에 등장하는 주요 행위

거대한 분기 ●

자라고 할 수 있다. 따라서 오로지 민중 계급 스스로의 투쟁을 통해서만 민중 계급 자신에게 유리한 경로, 즉 진정한 의미에서 좌파적인 경로를 개방할 수 있다는 사실이 분명해질 것이다.

좌파는 이미 존재하는 것이지 발명되는 것이 아니다. 좌파는 다양한 조류를 가지고 있으며, 이것들은 최우선적 목표에 대한 판단 이전에 존재하는 것이다. 하지만 진보적 대안을 구성하는 과정에서의 수많은 어려움 중 하나는 모든 다소 정교화된 정치적 프로젝트가 어떤 사회를 선택할 것인지와 관련되어 있다는 점이다. 우리는 어떤 경제를 말하고 있는 것인가? 상정될 수 있는 정치적 메커니즘은 어떤 것인가? 이 책은 명확하게 전후 지배적이었던 타협을 본뜬 좌파적 타협을 지지하고 있지만 보존과 지양의 이중적 필연성을 제기하고 있다.

따라서 우리는 방법과 내용을 정확히 해야 한다. 우선 그것은 금융 권력에 타격을 주는 것이다. 여기서 금융은 자본가 계급 상위 분파와 그들의 금융 기관들을 의미한다. 특히 영미식 금융의 지배가 문제라는 점을 인식하고, 생산 경제에 이바지하는 새로운 유럽적 금융 부문을 창조하는 것이다. 그리고 그러한 목표들을 이룰 수도 있는 타협 내부에서 민주주의가 보존될 수 있는 조건이 무엇인지에 대해서도 질문을 던져야 할 것이다.

## 금융에 맞선 세 좌파

우리는 여기서 정부와 관련이 있는 거대 정당의 관료와는 무관한 급진적 좌파를 '좌파'라고 부른다. 물론 정당들 내에도 좌파가 있으며, 그들이 가진 열정이 최소한 관리자 자리에 오르려는 의지로 타락할 정도까지 이르지는 않았다. 이러한 좌파적 목소리는 사회 운동 속에서 발현된다. 우리는 그러한 운동을 평가하거나 특히 그 운동들이 만들어 내는 일종의 사회학적 관계를 따져 보지는 않을 것이다. 거대 노동조합과 대안 세계화 운동 사이에는 명백히 상당한 격차가 존재한다. 하지만 거리에서 주기적으로 만나며, 자신들의 슬로건을 통해 각자의 이해를 표현하고 있는 좌파들 사이에는 다소 공통적인 주제들이 존재한다. 시위를 통해 조직의 투사들과 '민중 계급'이라 불리는 더 폭넓은 집단들이 집결한다. 민중 계급이 그러한 조직들 속에서 자신들의 대변자를 찾을 수 있는 한 이러한 만남은 지속될 것이다.

급진적 좌파는 세 종류로 나뉜다. 우선 경제 및 사회적 좌파들이 있는데, 이들은 위기 과정에서 유럽 주변부 및 민중 계급 처지가 악화된 데 주목하고 있다. 암묵적 또는 명시적 프로그램 속에서 우리는 목적과 수단을 구분할 수 있다. 사회 진보에 대한 요구가 그 목표가 될 것이다. 고용 및 구매력에 대한 방어, 모든 형태의 사회 보장을 보존하는 것, 대중 교육, 공적 서비스에 대한 방어, 그리고 국제적 연대 등이 그 목표일 것이다. 그것을 이루려는 수단을 살펴보면, 극우파들도 흉내 내는 주요 대책들이 포함되어 있다. 보호 무역, 상시 해고 금지(수익이 '시장'적 기준에 미달하는 공장의 폐업 금지), 금융 규제(예를 들어 '투기적'이라고 말하는 금융 운용과 전통적인 은행 활동의 분리), 조세 정책(예를 들어 토빈세), 자본의 이동에 대한 구체적인 제한 또한 무조건적인 금지가 그 목록에 있을 것이다. 다음과 같은 말들이 내뱉어진다. '탈세계화', '유로존 탈퇴', '국유화', '증권 시장의 폐쇄'와 같은 것들이다.

다음으로, 화석 에너지의 고갈과 기후 온난화라는 사정 아래서 생태 좌파가 지구 보존에 중점을 두고 있다. 이들은 재생 가능 에너지의 발전, 생물 다양성의 보존, 환경 악화를 저지하고 특히 인간의 활동에 의해 발생하는 기후 온난화를 막으려고 한다. 이와 관련된 모토가 바로 '반생산력주의', '에너지적 전환' 그리고 더 강력한 표현인 '탈성장'이다.

세 번째 좌파는 직접 행동을 주장하는 좌파인데, 이들은 위로부터 오는 일반적 변화를 기다리지 않고 행동에 나서는 사람들이다. 사회 경제 및 연대성, 연대적 금융 및 중앙집권주의에 반대하는 모든 형태의 투쟁에 참여한다. 이들은 사회적 유대 강화를 목표로 하는 주도권을 민중이 실제로 살고 있는 구역들 속에서 구체적으로 획득하려 한다. 이는 이질성(생활과 소비 양식 및 생산 방식 모두에서)을 승인하는 것과 관련되어 있다. 물론, 예를 들어 구매력을 증대시키면서 동시에 탈성장을 실천한다는 것이 어렵다는 것은 잘 알고 있다.

## 프로젝트를 정의하고 사회를 선택하기

이러한 목록들 속에 많은 것이 재가동될 것이다. 하지만 이러한 프로젝트들이 서로 상당히 다른 종류의 소망을 품고 있다는 사실도 이해할 수 있다. 즉각 실현될 수 있는 어떤 대책들도 있을 것이다. 어떤 경우에는 그러한 선택이 '실현 가능성'이라는 선입관에 의해 지배되어 온 것처럼 보인다. 물론 그러한 실현 가능성을 통해 배후의 속셈 같은 것이 배제되는 것은 아니다. 또 다른 한편에서 어떤 조치들이 실행된다면 사회적 대혼란이 일어날 것이라 생각되기도 한다.

우리는 첫 번째 유형의 조치와 관련된 실례로 토빈세와 같이 금융적 활동 통제를 목표로 하는 조치를 상정할 수 있다. 물론 그러한 세금은 '금융 시장'의 활동을 금지시키지는 않지만 비용을 더 높이기 때문에 금융적 이해와 대립하게 된다. 그것은 어떤 제한을 설정하는 또 다른 형태의 금융 규제에도 마찬가지일 것이다. 하지만 우리는 이러한 조치들이 늘어나면 늘어날수록 금융 헤게모니의 기초를 뒤흔들면서 우리 경제가 현실적으로 기능하고 있는 방식을 점진적으로 개조할 수 있다는 점을 이미 알고 있다. 따라서 이러한 유형의 모든 조치는 저항을 야기할 것이며, 어떤 나라들 또는 그 나라들의 집단이 자본 도피라는 전략을 개별적으로 취할 수 있다. 명백한 보복의 위험에도 불구하고 관세 장벽을 세워 초민족적 기업 활동의 장애물을 만들 수 있다. 금융 활동을 규제하고 해고를 제한하게 된다면,

이를 피하기 위해 세계 다른 지역으로 이동하는 현상이 나타날 것이며, 또한 합법적 또는 불법적으로 조세를 회피하려는 개인들 또는 기업들을 추적함에 따라 그들은 이리저리 이동할 수밖에 없을 것이다. 이는 온건하게 출발해 세계를 변화시키는 방식이다.

다른 극단에서 우리는 주식 시장의 폐쇄 또는 탈성장을 이야기할 수 있다. 그 첫 번째는 자본주의적 생산의 지양을 전제로 한다. 따라서 어떤 사회를 위한 것인지 구체화해야만 할 것이다. 사회주의와 관련 있는 것인가? 그렇다면 어떤 사회주의인가? 주장하고 있는 것이 만약 '탈성장'이라면 그것은 생산과 수입 형성에 대한 사전적 통제를 요구할 것이다.[57] 만약 그렇지 않다면 그것을 이루기 위한 제약들이 가난한 자들에게만이 아니라 저축하고 있는 부자들에도 부과될 수 있는가? 이러한 과정을 관리Gouverner할 수 있는 사회는 어떤 사회인가?

이러한 단순한 사실 뒤에는 어떤 사회를 선택할 것인가의 문제가 각 프로젝트 배후에 존재하고 있다는 것을 알 수 있다. 이러한 과정이 단일한 방향으로 나 있을 수는 없으며, 더 일반적인 정치 및 경제적 결과를 향한 하나 또는 다수의 수단들로 이어진다. 이는 상호적

---

57 이 점과 관련해 경제 위기가 지구를 위한 기회라는 테제는 별도로 다룰 필요가 있다. 이들에게 경기 후퇴는 생산과 소비의 축소를 의미하고 직접적으로 환경에 이익을 준다. 거시 경제적 불균형의 조정을 위한 필사적인 정책은 에너지 원천을 개발하려는 별로 추천할 만하지 않은 시도로 이어진다. 미국의 경우 셰일 가스다.

이어야만 한다. 우리가 사용할 수 있는 수단들을 여러 가능성 속에서 선택할 수 있는데, 문제는 우리가 어떤 사회를 바라고 있는지 명확히 인식하는 것이다.

## 점진주의냐 혁명이냐? 계급 간 동맹

이러한 좌파의 프로그램들이 계급적 위계 관계와 충돌할 것이라 짐작할 수 있다. 신자유주의로 회복된 금융의 핵심부에 자본 소유자들이 있다. 이들은 위계 관계 상층에 있는 관리자들과 단단한 동맹을 형성하고 있다. 자본 소유자를 위한 비용 최소화(직접적 임금 비용 및 간접적인 조세와 환경 보존을 위해 야기되는 비용)와 수입의 극대화는 자본주의 동역학의 핵심을 차지하고 있다. 따라서 급진적 변혁이 없다면 얻을 것도 별로 없을 것이다. 당장의 사회 변혁을 모색하는 좌파적 주도권이 가져올 이익은 그러한 변혁을 모색하는 마음을 표현하는 행위와 창조성 속에서 판명되겠지만, 적어도 거대 경제를 통제한다는 관점에서는 국지적 경험을 초과하기는 힘들 것이다.

　해답이 그리 단순하지는 않지만 문제를 알 수는 있다. 그것은 '권력에 대한 질문'이다. 어떻게 자본주의적 금융 및 그 동맹 세력으로부터 권력을 쟁취할 수 있는가? 전통적인 마르크스−레닌주의적 대답은 자본주의적 폭력에 맞서는 프롤레타리아 혁명인데, 그것은 '민중 권력', '사회주의', '프롤레타리아 독재'라는 주요 개념들로 표현된다. 그러나 변혁의 장애물이 오로지 상대하고 있는 적의 힘에서 기인하는 것만은 아니라는 점이 역사를 통해 증명되었다. 그러한 과정에서 나타난 장애물은 해방 과정에서조차 핵심적이고, 계급 관계에 기초하고 있는 것이며, 극단적으로 묘사할 수도 있을 것이다. 바로 해방-조직의 추상적 이중성이 계급 대립을 은폐하고 있다는 것이다. "우리는 민주주의자"라고 좋은 의도로 외치는 극좌파의 지도자들로는 충분하지 않다. 혁명 과정에서 발생하는 대리주의(정치적 관리자들이 프롤레타리아의 장소와 지위를 대체하는)는 우회하기 어려운 객관적 기초를 가지고 있다.

우리가 볼 때 관리자 계급과 민중 계급 사이의 새로운 동맹을 바탕으로 자본주의를 단계적으로 지양하는 점진주의적 경로 외에 또 다른 선택지는 존재하지 않는다. 이러한 프로젝트는 계급들 사이에 존재하는 해방적 의지의 모호성에 대한 문제를 피할 수가 없다. 개혁적 경로의 변질로 이어졌던 노동자 운동의 두 번째 실패가 이를 증명하고 있다. 거대 임노동 계급을 구성하는 요소적 집단들 사이의 동맹이 아니라 서로 다른 이해를 가진 계급들 사이의 동맹으로서 민중 계급은 단호하고 의식적으로 관리자 계급과 동맹을 구성해야 한다는 것이다. 그것은 자각과는 관계가 없다. 이러한 동맹을 위한 실천이 결과로서 정의된다는 점이 중요하다. 무엇이 연루되어 있는지 명확히 해야 하며, 그것은 냉정함을 확보할 필요가 있는 긴 호흡의 과정에 착수하는 것이다. 우리는 이와 관련된 어려움에 대해 세

가지 질문을 상정할 수 있다. ① 바로 지금, 그에 대한 반대 세력까지 고려하면 어떻게 금융 헤게모니 및 관리자/자본가 상위 분파 사이의 동맹을 무력화시킬 수 있는가? ② 어떻게 반복된 (실패의) 역사를 회피할 수 있는가? ③ 어떻게 그러한 타협을 지양할 거대한 기관차를 선로 위에 올려놓을 수 있을까? 우리는 발생 가능성이 큰 문제들을 분류하고, 그 안에서 명확한 전략을 세울 수 있을 것이다. 바로 여기서 계급 투쟁이라는 거대한 쟁점이 다시금 제기된다. 국제적이고 사회적인 위계 관계 정상에서 현재 일어나고 있는 대결을 이용하며, 좌파적 경로로 전환할 것이 요구된다. 다른 말로 하면, 우파의 연대를 무력화시키고 좌파적 동맹으로 변화시키며, 이루어낸 성과들을 보존하면서 동시에 뛰어넘어야 한다. 요원한 일일까? '바로 지금 모든 걸'이라는 구호는 어떤가? 온건한가? 비관주의, 절망, 무력감에 빠져드는 것과 비교해 보라.

이전의 역사가 갖고 있는 결점들과 그 비극적 역사에도 불구하고 그러한 역사들이 존재했다는 사실 자체는 고무적이다. 신자유주의 이전에도 세계는 존재했고, 기업들은 생산하고, 아이들은 그들의 부모보다 잘살았고, 남자와 여자는 서로를 돌보고, 은퇴했다. 물론 이러한 사회적 질서는 위기에 진입하게 되었지만, 결코 신자유주의라는 탈출구가 필연적인 것은 아니었다. 이러한 과정에서 더 중요한 것은 그것이 남긴 교훈이다. 바로 이전 질서의 형성과 해체의 메커니즘 모두이다.

변화의 추동력은 다양한 민중 세력이 만들어 내는 수렴 과정으로부터 나와야만 한다. 그것은 좌파적 타협의 근본적 조건이다. 우리는 그 다양성을 이미 강조했다(세 좌파라는 용어로). 유럽의 다양한 국가들 내에 있는 '당을 통해' 구성되길 기다릴 필요는 없다. 우리가 각 주요 사회 운동의 전진 속에서 확인했던 것처럼 좌파는 단결을 위한 행동을 조직할 필요가 있다. 어떤 준거점 마련의 필요성이 있으면 조직들 내에서 서로를 승인해야 한다. 지도부의 주도권과 아래로부터의 주도권 사이에서 벌어질 상호 작용은 필연적이고, 또 항상적이어야 한다.

그러한 측면에서 관리자들은 거대한 역사적 정세 속에서 수동적으로 머물러 있을 수만은 없을 것이다. 물론 유럽의 현실적인 상황은 경제와 생태의 불가항력적이자 지속적인 이중의 위기 상황이다. 그것은 필연적으로 회의와 권태라는 결과를 야기한다. 우리는 유럽 대륙에 존재하는 신자유주의적 논리에 완전히 종속되지 않은 관리적 측면의 잔재와 심지어 이의 새로운 발전을 추적해 왔다. 관리자들이 정치적 주도권을 회복하기 위해 기댈 기반을 이를 통해 수립할 수 있을 것이다. 두 가지 선택지가 열려 있다. ① 우리가 신관리주의라 지칭한 것으로 새로운 지도력이 부과될 때까지 자신들에게 유리하게 세력 관계를 수정하려는 자본가 계급과 우파적 타협을 추구하는 것과 ② 민중 계급과 함께 새로운 좌파적 타협으로 전환하는 것이다.

민중 투쟁이 새롭게 되살아나지 않는다면 우리는 좌파가 이러한 선택을 단호하게 실행하는 과정에서 관리자 계급이 신뢰할 만한 태도를 보이지 않을 것이라 생각한다. 하지만 이러한 판단을 유보하고 계급들 내부의 내적 위계 관계 및 그들의 기능적 분할(행정 관리자, 기술 관리자, 그리고 금융 관리자 등)을 고려해야만 한다. 위계 관계 또는 이러한 특정 범주의 아래에 있는 관리자들 중 상당수의 분파는 좌파적 타협으로의 복귀에 대해 열려 있을 것이다. 모두 부자가 될 수도 없고, 크리스토프 드주Christophe Dejours[58]의 표현에 따르면 많은 이들이 '더러운 일Sale Boulot'을 참아내는 사람들인 것이다. 위기를 통해 불안정성이 나타나고 그들이 주도하는 곳에서 의심이 반역으로 전화되기도 한다. 민중 계급과 좌파적 동기를 가진 관리자들 사이의 이러한 만남에서 많은 것을 기대할 수 있을 것이다. 관리자들이 가진 이념(교육, 정보, 문화 등) 전파의 체계 내 기능 및 역할을 통해 이 만남이 신자유주의 이데올로기를 균열시킬 수 있으며, 그 속에서 민중들의 요구를 주장할 수 있을 것이다. 하지만 우선 그러한 만남이 이루어져야만 한다.

---

**58** C. DeJours, 《*Souffrance en France, La banalisation de l'injustice sociale*》, Le seuil, Paris, 1998.

## 계급 헤게모니와 국제 헤게모니

두 상위 계급 관계 내부에 있는 금융 헤게모니를 타도하는 것이 신자유주의와 단절하는 첫째 의미일 것이다. 하지만 계급 관계들 내에 포함된 지배의 국제적 차원이 고려되어야만 한다. 이는 미국 헤게모니로부터 벗어나야 할 필요성을 보여주는 것이다. 계급과 국제적 공간 사이의 교차점은 어떤 나라, 즉 미국 자본가 계급과 세계적 차원에서 벌어지고 있는 미국 자본가 계급 금융 기관들의 왕성한 활동을 원칙적으로 일컫는 영미식 신자유주의라는 개념 속에서 명백하게 표현된다. 각각의 용어들은 우리가 구체화하면서 간략하게 표현하려는 수많은 각각의 신자유주의적 특징 속에 자리 잡고 있다.

1) 주식회사 내에서 소유자와 관리자 사이의 대결이 벌어지는 제도적 장소가 이사회이며, 이곳이 우리가 소유-관리의 인터페이스라고 부르는 것의 핵심이다. 이러한 관계 속에서 항상적인 협력(고소득의 분배를 통해 얻어지는 영합)과 투쟁, 그리고 해고의 위협이 결합한다. 우리는 대서양 양쪽이 가진 별개의 단계와 형태를 묘사한 바 있다. 자본가 계급은 관리자들에게 자신들에 유리한 기업 지배 구조를 부과하는 것을 목표로 한다. 금융 기관들은 주주의 우위를 유지하기 위한 도구들이다.

2) 현대 세계에서 주요 생산 경제는 초국적이며, 그 소유권은 세계적 차원의 보편적 지배 구조를 가진 금융 체계에 부여되어 있다.

자본가 계급과 금융 기관의 민족적 의존성은 단절되지 않았지만 행위의 장은 영토적 제한을 뛰어넘고 있다(무시하고 있다). 따라서 가장 강력한 분파 및 다수를 차지하고 있는 선진국의 금융 기관들 또한 제국주의적 지배의 도구다.

마지막으로 좌파적 타협은 이러한 이중적 권력 구조로부터 해방되어야만 한다. 이는 해당국들의 정부와 관리자들에게 잠재적으로 가장 큰 정도의 자율성을 부여하는 것이다. 이는 이어질 두 절의 대상이기도 한다.

## 금융 헤게모니를 타도하고 관리의 자율성을 회복하기

좌파적 타협의 우선적 과제 중 하나는 자본가들이 관리자에 대해 우위를 점하는 수단들을 공격하는 것이다. 이것은 새로운 동맹 형성의 선결 조건이다. 그것은 모든 대안적 정치의 필수 조건이다. 이는 자신만의 잇속을 챙기면서 일처리를 하려는 상위 관리자의 해방과는 관련이 없다. 타협의 개념은 자율성뿐만 아니라 이러한 계급들이 가진 고유한 이해와는 다른 이해를 통해 규제되는 제약을 내포하고 있다. 물론 그것은 그 상위 분파들의 이해에 반하는 것이다. 국가적 심급은 자유로운 행위를 보장할 뿐만 아니라 해방의 추구 과정에서도 결정적 역할을 한다. 그리고 '제도적인 경제적 권력'과 '제도적인 정치적 권력'이라는 두 개의 중심이 상호 작용 속에 들어서는 건 우연적 방식에 의해서가 아니다.

자본가 권력에 대한 공격을 과도한 야망이라 생각할 수도 있다. 하지만 유럽 대륙은 어떤 강점이 있는데, 이는 미국보다 신자유주의 지양에 유리하다는 점을 통해 부분적으로 설명된다. 오늘날 유럽은 세계화 과정에서 유럽 건설 프로젝트가 실패했음에도 불구하고 산업 관리자들이 소유와 통제의 네트워크와 관련해 여전히 상당한 정도의 자율성을 가지고 있다. 8장에서 이러한 다수의 우호적인 상황을 제시했다. ① 우리는 유럽에서 2008년 위기 이후 증가하고 있는 산업-관리주의적 네트워크의 영속성을 발견했다. ② 이러한 유럽적 네트워크와 영미식 세계 사이에 존재하는 유대가 느슨해지고 있다. ③ 유럽적 영토의 실존을 나타내는 중요한 요소들이 존재한다. 신자유주의의 위기로 인해 유럽적 금융과 영미권 영향력의 이중적 차원에서 산업-관리 네트워크의 자율성에 유리한 전환들이 일어나고 있다.

그러한 변혁의 톱니바퀴 속에 깊숙히 들어가기 이전에 우리는 그 필수적 조건을 만들어 낼 수 있는 과업들에 대해 그려 볼 수 있을 것이다. 첫 번째 쟁점은 비금융 부문에서 행사되고 있는 소유자 권력의 영향력을 감소시키는 것이다. 그것은 기업 기능 양식의 규칙을 수정하는 법적 권력의 몫이다. 예를 들어 이사회 내에서 주주의 힘을 제한하고, 기업 자사주 매입을 금지하며, 배당을 제한하고, 기업의 주식 시장 성과에 대한 지수화 방식을 철폐하고 관리자 보수에 관한 규정을 재정의해야 한다. 조세 피난처와의 커넥션을 차단하고, 금융 기관을 규제할 수 있는 더 강력한 수단들이 필요하다. 금융 기관을 통해 주주의 힘이 발휘되기 때문에 그러한 힘에 대한 제한을 목표로 하는 수단들을 영속화하는 것이 첫 번째 목표다. 우리는 특히 헤지 펀드의 주주 행동주의적 관행을 금지시키는 것을 염두에 두고 있다. 이어서 두 번째 목표는 금융 부문이 생산 경제에 봉사하도록 돌려놓는 것이다. 아주 절제된 수익성만이 요구되는 수준으로 돌아가야 한다.

우리는 이러한 소유자 권력의 축소가 특히 유럽 밖 주주들의 이탈(증권 매각)로 이어질 것이라 쉽게 예측할 수 있다. 이는 일반적인 금융, 특히 영미식 금융의 주도권이라는 측면에서 추구되고 있으며, 필연적으로 나타날 결과들 중 하나다. 세계대전 이후와 같이 서로 주식을 보유하는 비금융 기업의 상호적 소유의 부흥으로 이어질 것이다. 금융이 이탈한 자리를 서로 메울 수 있으며, 이러한 움직임은 유럽 대륙 전체의 소유권 재정비로 이어진다. 국가 또한 상황에 따라 결정되는 기간 동안 또는 정도의 차이를 두고 금융 기업 자본 또는 비금융 기업 자본에 참여할 수 있다. 1990년대 이후 프랑스처럼 산업 전략을 무시하고 금융 기관들의 발전을 우선시한 국가들 내에서 금융 기업에 대한 무조건적인 국유화가 요구될지도 모른다. 그러한 곳에서 신속하고 강력한 행동이 필수적이다.

거대한 분기 ●

## 영미 헤게모니를 타도하고 세계화 과정의 정책적 자율성 확보하기

새로운 타협의 정치는 어떤 것일까? 우리는 좌파의 선택에서 비롯된 어떤 함의를 강조하려고 하지는 않을 것이다. 일반적으로 그러한 것들은 두 가지 표현으로 발현된다. 이러한 정책들은 효율성을 추구하면서도 좌파적이어야 한다. 효율적이라는 말은 더 직접적으로 동맹의 관리주의적 구성 요소를 지칭하며, 좌파적이라 함은 사회 진보의 동역학을 부활시키는 민중 계급의 의지와 관련된다. 하지만 적대 또한 명료하다. 효율적이지 않다면 사회 진보의 가능성은 아주 제한적일 것이다.

좌파는 영미식 금융, 다른 말로 '국제적 시장'이라 불리는 것과의 직접적인 대결을 피할 수 없다. 금융 기관에 대한 인수와 금융의 생산 경제, 사회 정책에 대한 봉사를 강제하기 위해서는 강력하고 자율적인 유럽 금융 시스템의 건설이 필요 불가결하다. 두 번째로, 환율의 측면에서가 아니라 '시장'에 맞설 수 있는 화폐의 역량이라는 측면에서 마찬가지로 강력한 화폐의 보유가 요구된다. 아주 실천적으로 그것은 무역 및 금융 국제 거래에서 대등하게 협상할 수 있게 된다는 것을 의미한다.

국경의 폐쇄로는 아무것도 해결할 수 없을 것이다. 유럽은 수출을 전제로 석유 제품, 원료, 그리고 제조업 생산물을 수입할 수밖에 없다. 세계 모든 나라 또는 지역은 대외 계정의 균형과 우선적으로 무역 수지 균형을 목표로 해야만 한다. 현재 상황에서는 만성적인 대외 적자를 안고 있으며 대외 부채가 증대하고 있는 세계의 어떤 나라 또는 지역은 채권자들(대체로 영미권 기관들)에게 시달릴 수밖에 없다. 좌파적 타협의 유럽은 사회적이고 생태적이기 때문에 그러한 과업은 복잡하다. 이는 어떤 대가를 필요로 할 것이며, 대륙의 국제적 경쟁력에 대한 질문을 제기할 것이기 때문이다.

이러한 모순을 극복하는 세 가지 보완적 방법이 존재한다. 첫 번째는 생산 효율성 추구다. 이는 지속적인 기술 진보를 추구해야만 한다는 의미다. 효율성은 이윤 극대화를 추구하는 자본주의적 원칙에서만 비롯되는 것이 아니다. 임노동자들과 사회 보장에 가해지는 압력은 물론이고, 환경을 무시하는 현재적 관점을 넘어 효율적인 방식으로 산업을 발전시키는 방식을 많이 습득해야 한다. 두 번째 방식은 탈산업화(생산의 탈영토화)라는 현실적 경향을 역전시키는 것이다. 세 번째는 모든 형태의 경제 정책 수단을 사용하는 것이다. 산업 정책, 보호주의, 자본 운동에 대한 통제가 그것이다. 세계에 신자유주의를 확신시킨 자유 무역과 자본의 자유로운 운동은 절대적 원리가 될 수는 없으며, 사회적이고 생태적인 목표에 종속되어야만 한다. 유럽에서의 타협은 필연적으로 자본의 운동으로부터 자신을 보호하고 대외 무역을 장려하는 형태가 될 것이다. 세계 금융에 맞선 더 강력하고 자율적인 유럽적 금융 시스템의 존재가 앞선 정책들이 실행될 수 있는 전제 조건이다. 이로써 기업은 주주의 이해와는 별개로 관리될 것이며, 자본 도피를 막을 수 있을 것이다. 이 두 가지 과정은 긴밀하게 연관되어 있다.

모든 차원(경제, 정치, 문화)에서 벌어지는 세계화는 계속되어야 한다. 하지만 그것은 부자들에게 더 큰 이익을 주기 위해 세계 모든 노동자를 경쟁 속에 빠뜨린 극단적이고 파멸적인 신자유주의적 세계화와는 관련이 없다. 주변부는 발전해야 하지만 (전후 수입 대체 모형에서 증명된 바와 같이) 신자유주의적 세계 속에서 나타나는 방식은 아니다. 유럽의 타협은 어떤 형태가 도래하든 간에 (신자유주의적인 팽창주의적 실천 또는 전후에 이루어졌던 원료 가격에 대한 평가 절하와 같은) 제국주의적 실천과는 단절해야만 한다. 하지만 대칭적으로 중심부의 민중 계급은 삶의 수준과 그들이 지난 시기에 획득한 사회 보장을 유지해야만 한다. 어떻게 명백한 모순이 해결될 수 있을까? 협력과 공유 이외에는 세계화를 향한 또 다른 바람직한 여정이 없을 것이다. 현실적 상황에서 이는 연대를 표시하고 서로의 이해를 공유하는 세계 여러 지역들 사이의 양자적 협정을 통해서만 가능할 것이다.

생태적 쟁점은 물론이고 사회 보장의 관점에서 유럽은 (그들이 여전히 보유하고 있는 그 진보적 측면과 그 전통의 측면에서) 그러한 사례를 제공한다. 이는 다른 세계가 가능하다는 것을 현실적인 상황에서 증명하는 것과 관련이 있다. 사회적이고 생태적인 대안적 세계는 우선 유럽에 이익을 줄 것이며, 다른 많은 곳으로 이어질 것이다.

## 공동 통치
## : 어떻게 역사의 반복을 모면할 것인가?

가장 어려운 것은 정치적 차원, 즉 '제도적인 정치적 중심' 수준에 있을 것이다. 좌파적 타협의 프로젝트를 점진적으로 규정하는 것이 바로 이 영역이다. 문제가 되는 것은 오로지 민주주의뿐이다. 이 책의 1부에서 제기된 중요한 두 가지 점이 계급 사회 내의 민주주의(그게 전부라고 알고 있는)의 본질과 관련되어 있다. 첫 번째는 (민중 계급이 직면하게 되는 민주주의의 곤란으로서) 상위 계급들의 경계를 극복하는 민주주의적 움직임이 갖는 명백한 한계와 관련되어 있다. 두 번째 것은 이러한 판단을 완화하는데, 그것은 국가적 기관을 집합적 행위의 도구 및 사회적 질서에 고유한 타협 및 지배가 구성되는 사회적 '장소'로 만드는 것이다. 그리고 그것은 여기서 진지하게 취할 필요가 있는 '타협'이라는 용어다. 좌파적 타협은 지도적 관리자들의 권력 실행을 위해 그들을 금융의 후견으로부터 해방시키고, 그들의 방식대로 경제와 사회를 주도하도록 하는 것과는 관련이 없다. 대칭적으로 모든 위계 관계를 철폐하면서 민중 계급이 무조건적으로 권력을 쟁취한다는 환상과도 관련이 없다. 민주적 국가 제도를 통해 진보적인 프로젝트의 내용이 나타나도록 하고 그 수단들을 보장받는 것과 관련이 있으며, 관리자와 민중 계급은 이곳에서 자신의 몫을 발견한다. 국가는 규칙을 제정하고(우리는 이를 상위 기업 관리와 관련해 본 적 있다), 정책을 규정한다. 타협은 이러한 각 단계에서 수립될 바로 그러한 규칙들과 정책들 속에서 발현된다. 하지만 민중 계급은 동시에 더 먼 미래의 통치 지향을 수립해야 한다. 더 평등하고 민주적인 사회를 위해 그렇게 만들어진 타협을 폐지하고 넘어서는 것이다.

관리자와 민중 계급의 동맹 속에서 민주주의는 다수의 차원을 점유하고 있는 것으로 나타날 것이다. 첫 번째 측면은 관리자 계급 내부의 민주주의다. 역사는 그것이 어떤 범주의 계급이든 두드러지고 지속적인 우위를 확보하게 되자마자 퇴보할 수 있다는 점을 잘 보여주고 있다. 이러한 균형 속에서 제도적 규칙들보다는 서로 다른 범주의 계급들 사이의 조화로운 관계를 확보하는 일반적 실천이 문제일 것이다. 예를 들어 신자유주의 내에서 금융 관리자들은 자본 소유자들에게 봉사하면서 또 다른 계급들에게 그러한 자본 소유자와 금융 관리자의 논리를 부과한다. 사회주의를 요구하는 국가에서 공적 행정 관리자와 정치 관료들은 다른 관리자들의 행동을 속박시키는 중앙 통제 과정을 실행한다. 바로 그러한 점에서 관리자적 민주주의의 추구는 불가능하다.

이러한 관리자 계급 내부의 민주주의는 그 한계에도 불구하고 좌파적 타협의 안정성을 보장하는 필수 불가결한 요소라 할 수 있다. 두 번째 쟁점은 정치 과정에 대한 민중 계급의 참여다. 요식 행위에 불과한 것이 되지 않기 위해서 그것은 충분한 정도의 행위 조정을 보장하는 실천 및 구조적 힘에 기대야만 한다. 그것은 전통적 조직(조합, 당, 운동) 또는 지역(도시, 기업, 협회 등)과 연관된 것이지만 또한 정보의 관리와 관련되며, 이데올로기 및 문화적 자율성의 형태를 가로지르는 것이다. 마지막 측면은 동맹 속에 있는 두 계급 사이의 공존과 관계가 있다. 물론 두 계급 간의 동맹이 투쟁을 폐지하는 것은 아니다. '민주주의'는 타협을 이루어내는 역량으로 인식된다. 즉 계급들의 한계를 넘어 '확장된 민주주의' 속에서 이해와 목표들의 균형을 잡고, 공동으로 실행하는 능력이다.

이러한 세 가지(관리자 계급 내의 민주주의, 민중 계급의 자율성, 확장된 민주주의)는 서로를 보증하는 최선의 요소로 작동할 것이다. 민중 계급의 자율성과 서로 다른 관리자 분파의 수중에서 권력의 균형은 더 심오한 제도적 민주주의 공간을 창조한다. 대칭적으로 민중 계급이 스스로 자신을 내세울 사회적 압력을 행사하는 확장된 민주주의는 의심할 바 없이 관리자들의 일탈적 야망을 저지할 실제적 상황과 관련되어 있다.

마지막 부분을 극복하기는 상당히 어려울 것이다. 정치적 민주주의의 특권적 형태가 대의 민주주의다. 이러한 용어 자체에 함정이 숨어 있다. 대의라는 말 자체가 정치에 특화된 사람들, 정치 관리자들에 대한 위임을 의미하기 때문이다. 이처럼 민중 계급은 좌파적 타협에도 심각한 위험을 담지하고 있는 것이다. 관리자 계급의 관점에서 좌파적 동맹은 목표라기보다는 수단인 경향이 있다. 현실적 위기라는 상황에서 관리자가 민중 계급을 도구화할 가능성은 절대 기괴한 일이라 볼 수 없다. 그들이 현실적 보수주의로부터 벗어나고 있기는 하지만 말이다. 전후에 벌어졌던 역사가 바로 그 반동적 역사를 잘 보여주고 있다.

오늘날 좌파적 타협에 대한 옹호는 다음과 같은 조건이 붙지 않으면 무의미한 것이다. 역사를 반복하지 않는다는 보증이 반드시 이러한 실천들 속에서 포함되어야만 한다. 민중 계급의 관점에서 비롯하는 이중적 주장이 있다. 우선 자본 소유자들이 제거될 때까지 자본 소유자와 관리자들 사이가 가능한 한 멀어지게 한다. 그 뒤에 관리자 계급 자체를 지양하도록 한다. 그리고 이러한 두 과업들이 서로 간에 상충되지 않는다면 말이다. 타협의 동역학은 능력과 효율성이라는 이름으로 (민중 계급의) 주도권을 빼앗고 항상적으로 권력의 위계 관계를 재창조하기 때문에 '시민적인' 생활 실천의 전반적 수준에서 이루어지는 것이다. 그와 같이 좌파적 타협은 관리와 관련된 위계 관계의 최종 철폐를 목표로 실천들을 촉진해야 할 것이다.

## 정치적 전망

이제 다른 사회, 또 다른 세계, 적어도 또 다른 유럽 건설 프로젝트를 구상하려는 열정이 필요한 시기다. 그리고 극우파와 우파의 수렴 및 위기의 심각성 때문에 긴급히 요구되는 것이기도 하다. 하지만 이러한 시도가 예기치 않게 단념되어야만 하는 위험도 존재한다. 이는 종종 유럽에서는 결코 가능하지 않은 것이라 주장되기도 한다. 심지어 프랑스와 같은 나라에서 진정한 좌파가 정부 권력을 잡을 가능성은 얼마나 될 것인가? 좋지 않은 결과로 이어질지도 모른다. '독일의 반대'나 '조약을 통한 회피', '시장을 통한 장애물의 형성'이 이어질지도 모른다. 또는 여기에 종종 연관되는 또 다른 주장이 있는데, 변화를 위해 요구되는 연대를 방해하는 오래된 대륙의 너무도 강력한 민족적 열망의 등장이 그것이다.

반대의 선택지에 기대를 걸 필요가 있다. 결코 갱신되기를 중단한 적이 없는(항상 우리가 알고 있는 의미 내에서) 로마 조약 이후 잊고 있던 유럽적 조약을 구실로 삼는 것이다. 이미 기록되어 있다고 해서 그것 모두가 장애물은 아니다. 어떤 상위 질서도 다시 작성되는 것을 막을 수 없다. 결국 민족적 정체성이 그 힘을 발휘하고 있는 현 상황(유럽적 소속감의 감정적 부재)에서 실상 유럽적 관점이 동기를 부여하고 있으며, 우파들과 낙담하고 절망해 있는 더 젊은 층의 일부가 유럽 내부의 민중적 연대성을 추진하는 동력이 무엇인지 깨닫지 못하고 있는 것은 아닌지 대답할 필요가 있다.

경제적 공간은 필연적으로 유럽적이다. 그렇기는 하지만 정치적으로 차단되어 있다. 정치적 공간은 처음에 민족적이었다. 어떤 과정을 개시하는 게 문제다. 유럽 국가 어느 곳에서 새로운 프로젝트를 매개하는 정부가 들어서는 것이고, 그러한 정부가 공공연히 선언된 좌파의 변화 요구를 표현하면서 스스로를 발현하는 과정과 관련이 있다. 따라서 우리는 독일과 같은 유럽 대륙의 국가 대부분에서 광범위한 사회 운동이 집결하기를 희망한다. 보수주의는 절망 속에서 자라나기 때문이다. 희망은 투쟁 속에서 발견할 수 있을 것이다.

## 역자 후기

이 책은 2014년 프랑스 라데쿠베르트 출판사에서 발간된 《La grand bifurcation: En finir avec le néolibéralisme》의 완역본이다. 2014년 초 역자가 프랑스에 체류할 무렵 저자들 중 제라르 뒤메닐의 요청으로 한국에 출판을 의뢰했고, 파리에서 공부 중인 김성환 군과 공동으로 번역해 출간하게 되었다. 역자는 이미 이 저자들의 다른 책들을 번역 소개한 적이 있는데, 당시 역자 후기들은 제라르 뒤메닐에게 그 내용을 요약 설명한 후 실었다. 이번에도 이 책의 역자 후기에 관해 뒤메닐과 여러 통로로 토론했는데, 뒤메닐은 역자 후기를 작성할 때 한국의 상황을 보충해 달라고 요청했다. 이 책이 주로 미국과 유럽의 상황을 다루고 있기 때문이다. 이미 제라르 뒤메닐과 도미니크 레비의 논의를 계속 소개해 왔기에 여기서는 그들의 논의를 소개하기보다는 한국의 경제 상황에 대해 짧게 논평하려고 한다.

한국 경제에 관해 이야기하기 전에 우선 신자유주의와 관련된 논의를 정리하겠다. 지금까지 여러 논자가 대체로 시장 친화적인 경제 체제로의 전환이라는 의미에서 신자유주의를 정의했는데, 이는 여러모로 진실을 내포하긴 하지만, 부족한 면도 많다. 시장 친화적 체제는 사실상 영미식 신자유주의를 의미하므로 주로 영미식 신자유주의와의 유사성을 비교하거나 영미식 신자유주의의 특성이 나타나는지를 검토하여 신자유주의 경제 체제로 정의 내린다. 하지만 미국 경제의 국제 경제적 위상, 유럽 내에서 갖는 특이성과 미국과의 연결 고리라는 영국 경제의 국제 경제적 지위에서 볼 때 (혹은 그 나라의 산업 구조적 측면과 기업 지배 구조라는 여러 측면에서 볼 때), 사실상 어떤 나라도 그들이 지닌 특성을 그대로 나타내기 힘들다. 따라서 신자유주의라는 개념과 그 적용 가능성을 검토할 때, 영미식 신자유주의와 비교해서는 알아낼 것이 별로 없다. 신자유주의에 대한 보다 추상적이고 전역적인 개념화를 통해 각 국가 또는 지역이 1980년대 이후 겪어 온 변화 과정Transition을 연구하는 것이 훨씬 중요한 의미를 지닌다고 생각한다.

## 우리가 신자유주의에 대한 (명확한) 정의라고 생각하지 않는 것

이 책의 저자들은 1980년대 이후 나타난 자본주의의 새로운 국면을 '신자유주의'라고 정의하고 있으며, 현 단계의 경제적 상황을 '신자유주의의 위기'라고 진단하고 있다. 따라서 신자유주의가 종말을 고한다고 하더라도 자본주의는 (또 다른 모습으로) 지속될 수 있으며, 현재 그러한 상황이 진행되고 있다고 본다. 그 이유는 첫째, 어떤 경로로든 자본주의의 지배/지도적 세력 중 하나(우리는 현 단계의 자본주의를 자본-관리주의 체계로 파악하고 있다)인 자본가 세력의 소멸을 확인할 수 없다. 둘째, 그러한 자본가들을 연결시키는 소유-금융 네트워크 또한 소멸하고 있거나 그것을 소멸시킬 만한 위협이 있다는 증거를 (아직까지는) 찾을 수 없다. 다만 그들이 지리·정치적인 각 민족국가들, 또는 지역 경제의 상황에 따라 제어되거나 일부 후퇴하는 모습이 나타나고 있기는 하다. 정리하자면, 신자유주의의 위기와 자본주의의 위기를 동일시할 수 있는 증거를 아직까지는 찾기 어렵고, 오히려 신자유주의의 위기와 맞물려 자본주의가 또 다른 모습으로 변화하고 있다는 것을 알 수 있다. 저간의 진행되는 위기로부터 회복 과정이 더디다는 이유로 이른바 자본주의의 위기를 이야기하는 사람들도 있지만, 미국의 위기 이후 변화 과정이나 유럽의 상황들을 볼 때 그들이 겪고 있는 상황들의 대부분은 이른바 신자유주의로부터 비롯된 것들이며, 자본주의 그 자체 다시 말해 상품 생산 경제가 지배적인 계급 사회를 지속적으로 재생산하는 체계가 커다란 위기에 봉착했다고 말하기는 어렵다. 게다가 설사 자본주의 자체가 위기라 하더라도 계급 사회가 지양된 새로운 체계로 이행하고 있다고 할 수는 없다. 현재로써는 또 다른 의미의 계급 사회가 지속될 가능성이 매우 크다.

이렇게 진단하는 이유는 우리가 '신자유주의'를 1980년대 즈음 시작된 자본가 세력의 소유-금융 네트워크가 주도한 '자본의 복귀'

거대한 분기 ●

로 평가하고 있기 때문이다. 이러한 정의는 바로 자본의 복귀를 상징하는 관리 규율과 노동 규율의 변화, 그에 맞물린 거시 경제적 정책 및 각종 정책 개혁들을 지칭하는 것으로 이어진다. 따라서 우리는 신자유주의를 단순히 세계화나 금융화와 동일시하지 않으며, 세계화나 금융화를 바로 자본의 복귀에 따른 고소득 추구를 가능케 하는 조건으로 이야기한다. 이른바 이윤율 하락에 따른 또 다른 수익성 추구 과정에서 자본의 금융으로의 이동이라든지, 그와 관련된 '가을의 징후'로서의 금융화라는 정식도 받아들이지 않는다는 의미이다. 금융화와 세계화는 자본주의의 고유한 현상이며, 어떤 특정 국면에 나타나는 것이 아니다. 다만 신자유주의는 그러한 고유한 현상을 전면화하고 가속화하는 역할을 했다.

우선, 1970년대 이후 이른바 수익성 하락이 지속적으로 발생했다는 증거를 최소한 미국에선 찾을 수 없다. 최근 역사적 비용에 기초한 이윤율 추정을 통해 1970년대 이후 미국 경제의 수익성이 하락 경향은 없더라도 최소한 침체되어 있음을 주장하는 이론이 등장했는데, 이는 첫째, 자본 추계상의 미시적 측면과 거시적 측면, 또한 추계된 자본 스톡 추정치의 다른 거시 경제 데이터와의 일관성이라는 측면에서 역사적 비용에 근거한 자본 추정 방식에 의문이 제기될 수 있다는 점(보통의 거시 데이터는 경상 가격이나 불변 가격으로 작성되므로 역사적 비용에 근거한 자본 스톡 추계와는 일관되지 않는다), 둘째, 역사적 비용에 근거한 수익성 데이터는 실상 단위근 검정과 같은 통계적 방식으로 접근했을 때 실제로는 1950년대부터 어떤 경향성을 갖는 자료로 판단할 수 없으므로 그 데이터로는 미국 경제의 1950년대 이후 과정에 대한 어떤 평가를 내리기 힘들다는 점, 셋째, 단순히 이윤율 하락의 문제가 아니라 자본주의 경제의 수익성이 거시 경제적 활동성, 특히 경기 변동과 수익성 사이의 관계를 명확하게 설명하고 있지 못하다는 점 등으로 인해 그러한 새로운 접근 방식이 갖는 이론적 기여가 무엇인지 판단하기 힘들다는 이유다.

게다가 2008년 금융 위기의 후과가 오래 지속되다 보니 위기의 결과가 원인으로 둔갑하는 사례가 꾸준히 발생하고 있다. 이른바 임금 몫(임금 소득 분배율)의 저하가 위기의 원인으로 이야기되는 경우도 있는데, 이는 결과를 원인으로 둔갑시킨 대표적 예다. 최소한 미국 경제의 법인 부문 임금 몫은 2000년대 연속적인 위기 기간으로 진입하기 이전까지 큰 경향성을 보이지 않는다. 이는 생산성에 관한 논의도 마찬가지인데, 위기 이후 상황이 장기간 지속됨에 따라 시기 구분의 문제가 발생하기도 한다. 경향을 적확하게 파악하기 위해서는 위기 이전과 이후에 대한 시기 구분이 명확해야 한다.

그간 제라르 뒤메닐과 도미니크 레비의 연구에서 강조되었던 수익성의 최장기적 흐름은 사실 이러한 '시기 구분'이라는 개념화와 연관되어 있고, 이러한 과정에서 '신자유주의'라는 개념이 등장한 것이었다. 그밖에 다른 연구에서 많이 등장하는 '신자유주의'라는 개념화는 저자들의 것과 조금씩 상이하다고 이야기할 수밖에 없으며, 이러한 개념화의 의의 및 정당성은 역시나 여러 가지 다른 경험 연구 및 자본주의의 역사를 설명하는 능력을 통해 검증될 것이다.

## 신자유주의와 한국 경제

앞서 이야기한대로 신자유주의는 1980년대 이후 전 세계적으로 진행된 새로운 관리 규율 및 노동 규율의 부과이며, 그것은 고소득 추구, 금융화, 세계화로 나타난다. 우리나라에서도 이는 정책 개혁 또는 구조 개혁이라는 이름으로 1980년대 시작되어 1997년 이후 가속화되었다고 볼 수 있다. 이러한 흐름에서 고소득 추구는 소득 불평등의 강화로 나타나는데, 한국 경제에서 소득 불평등이 강화됐다는 점은 이미 여러 연구를 통해 확인됐다. 또한 세계화는 1990년대 정책적 모토로까지 나타났던 것으로 이러한 세계화라는 물결에서 우리가 벗어나 있다고 볼 수는 없다. 우리 경제가 통상 의미하는 금융화 단계에 이르지 않았다고 이야기하는 사람들이 많지만, 많은 쟁점이 금융화에 있고 세계화와 맞물린 우리 경제의 금융 시장 개방도를 비롯해 고소득 추구가 실현된다는 것 자체가 바로 금융화를 의미(단순하게 금융 법인의 자산 증가나 개인들의 금융 소득 증대뿐 아니라 금융과 관련되고, 자본 시장과 관련된 법률회계 법인들의 권력 성장 및 관련 종사자들의 고소득, 그리고 상위 계층이 자신들의 부를 확대하거나 계승하는 과정에서 금융적 메커니즘을 이용하기가 규제 완화를 통해 용이해진다는 점 등)

하는 것이므로 이 또한 부정하기 어렵다.

게다가 우리는 앞서 거시 경제 정책의 변화 및 정책 개혁이라는 측면에서 신자유주의를 정의하였으므로, 우리나라에서는 이러한 측면에서 '기존 발전 전략의 해체'라는 의미로 신자유주의를 바라봐야 할 것이다. 따라서 고소득 추구, 금융화, 세계화, 기존 발전 전략의 해체라는 의미에서 그것이 영미식 신자유주의와 동일한 양태를 보이는지 아닌지와 상관없이 우리 또한 '신자유주의 시대의 한국 경제'라는 이름을 붙일 수 있다고 본다.

이와 동시에 우리 경제에는 (가계) 부채의 확대 및 투자의 위축이 나타났다. 대신에 우리 경제는 무역 부문의 적자가 나타난 미국과 달리 2000년대 이후 무역 부문의 흑자가 특징적이다. 금융 위기 이후에도 우리 경제의 회복에 지속적으로 기여한 이 무역 수지 부분은 2012년을 전후로 그 규모가 점점 축소되고 있다. 하지만, 잘 알려진 바와 같이 수입이 수출보다 빨리 감소해 순수출은 각 구성 부문 규모의 변화와 관계없이 포지티브 포지션을 유지했다. 그러나 수출 규모의 감소는 최근 산업 생산의 둔화와 가동률의 지속적인 하락으로 이어지고 있다. 따라서 순수출로 인해 거시 경제 전반의 활동성이 크게 위축되지 않는 것으로 보일 수 있지만, 산업 생산의 둔화와 가동률의 하락은 유휴 설비의 증대로 이어지고, 투자 및 고용의 측면에서 악영향이 나타나고 있다. 앞서 말한 바와 같이 가계 부채의 존재는 민간 소비의 증대를 기대할 수 없게 하며, 유휴 설비의 증대는 투자의 증가를 바랄 수 없게 한다. 따라서 유일하게 거시 경제 활동성의 축소를 막을 수 있는 즉각적이고 자율적인 수단은 국가의 재정 확대 밖에 없다고 할 수 있다.

특히 이러한 상황에서 소득 불평등과 고용 기회 부족 및 불안정성 등이 단순히 경제 문제가 아닌 사회 문제로까지 확장되고 있다. 소득 불평등을 두 가지 측면에서 접근하는 관점이 많은데, 우선 우리나라 소득 불평등의 많은 부분이 임금 소득 불평등으로부터 나온다는 점과 개인 소득에 상대적인 기업 소득의 확대에서 야기된다는 것이다. 이로부터 도출되는 많은 정책적 제언에 여러모로 동의하지만, 몇 가지 점에서 그 원인을 면밀히 검토하고 명확히 해석할 필요가 있다고 본다. 임금 소득 불평등 확대는 우리나라만의 특이한 현상이 아니라 많은 나라에서 일어나고 있는 현상인데, 현대 경제에서 상위 소득자들의 임금 소득 의존도가 이전에 비해 훨씬 높아졌다는 점에서 그렇다. 게다가 최상위 소득자들 이외에 전통적으로 임금 소득 의존도가 높은 소득 상위 계층(대체로 90~99 소득 계층)도 이러한 상황에서 상당한 이익을 보았는데, 그들의 대부분은 상위 관리자들 또는 특정 전문가 계층, 즉 의료·법률·금융 종사자들이다. 따라서 대기업·중소기업의 임금 격차라든지 노조로 조직된 대기업 생산직 노동자들이 임금 소득 불평등을 야기한다고 지탄받지만, 대기업 종사자들이나 대기업 생산직 노동자들이 동일 직종에 종사하는 다른 이들에 비해 높은 임금을 받는지는 몰라도 그들을 우리나라

임금 소득 불평등을 야기하는 주된 집단으로 판단할 수는 없다.

둘째, 기업 소득의 확대를 이야기하며, 우선 임금 몫의 전반적 저하 경향이 발견된다고 하지만, 우리나라의 임금 몫에서 적어도 법인 기업 부분의 장기적 저하 경향을 발견할 수는 없다. 1980년대 후반에서 1990년대 중반까지의 임금 몫의 상대적 증대를 제외하고는 대체로 일정하며, 오히려 그 기간의 상대적 증대로 인해 1997년 이후 마치 임금 몫이 하락 경향이 있는 것처럼 나타난다. 하지만 총 급여 몫은 확실히 상대적인 하락 경향을 갖는데 , 대신 고용주의 사회 부담금 증대가 그 부분을 상쇄하고 있다. 기업 소득 확대와 관련해 이른바 기업의 내부 유보의 증대가 거론되는데, 기업 내부 유보 증대는 1997년 이후의 경향도 아니며, 대체로 2008년 금융 위기 이후에 나타난 현상이라고 할 수 있다. 1997년 이후 우리나라의 자본 축적 속도는 대체로 유보 이윤율(세금, 이자, 배당 지불 후 이윤율)보다 조금 높은 수준이거나 그 즈음에 상응하게 되었다. 이전의 투자에 대한 외부 금융의 효과가 사라지게 되었고, 이른바 (세계화되고 금융화된) '(자본) 시장 규율'에 기업의 투자 행동이 상당한 영향을 받게 된 것이다. 하지만 2008년 이후는 유보 이윤율 수준에 하회하는 자본 축적 속도를 나타내고 있으며, 이로 인해 앞서 이야기한 내부 유보금의 확대와 관련한 논쟁이 야기되었다.

이에 대한 처방으로 개인 소득세 및 법인세의 실효 세율을 확보하고 과세 구간 및 과세 표준을 더욱 엄격히 하는 재분배 정책을 요구하는 목소리가 있는데, 이는 매우 현실적이고 구체적인 방안이지만 역시나 단기적 관점이라고 할 수 있다. 그 이유는 위와 같이 원인에 대한 진단이 좀 더 명확하거나 구체적이지 못하기 때문이다. 물론 그러한 단기적 정책 제언에 반대하지는 않지만, 몇 가지 이유에서 장기적 틀을 취하고 있지는 못하다고 판단한다. 실상 하위 90% 임금 소득자 계층은 우리가 측정할 수 있는 1950년대 후반 이후로 그 소득 비중이 꾸준히 하락해 왔다. 다시 말해 상위 계층으로의 쏠림 현상은 1997년 이후에 새로 등장한 것이 아니다. 다만 하위 90% 임금 소득자 계층의 소득 비중의 하락이 다소 완화된 것이 1980년대 1990년대 중반이라고 할 수 있는데, 알려져 있다시피 이는 1980년대 소득 안정화 정책으로 인한 상위 계층 소득의 일부 제한, 더욱 중요하게는 1980년대 말 노동자 대투쟁이라는 중요한 계기와 맞물려 있다. 1997년 이후 다시 말해, 특히 1980년대 1990년대 이러한 조건으로부터 비롯된 완화 효과를 역전시키면서 이전까지 지속되었던 쏠림 현상을 더욱 가속화한 것에 불과하다. 바로 이것이 사회 민주적 타협 체계가 존재하지 않았던 한국 경제의 특징이라고 할 수 있다. 일부 기간의 타협에 미치지 못하는 완화 기간을 제외하고는 '발전을 위한 자본/관리 동맹'은 일관적으로 대다수 민중 계층을 배제해 왔고, 다만 그들을 동원 수단으로 여겨 왔다는 것이 중요한 특징이다. '자본/관리 동맹의 경제 개발을 위한 민중 동원'은 1980년대를 지나면서 '자본/관리 동맹의 세계 시장 경쟁력을 위한 민중 동원'으로 대체되었다. 어떤 경우에도 민중은 타협의 대상 조차 된 적이 없다. 단순한 재분배 정책은 단기적 상황을 모면하기 위한 기술적 조작으로 이어질 가능성이 있다. 게다가 1980년대와 1990년대 일부 완화기 이후 불평등의 가속화 현상은 노조 조직률의 현격한 하락과 맞물려 있다. 따라서 불평등 구조를 반전시킬 수 있는 힘은 단지 재분배 정책이 아니라 노동에 대한 사회 전체의 체계적 구조와 관련이 있다. 힘의 균형을 이루기 위해서는 그 이유가 무엇이건 간에 노동 개혁이라는 이름으로 진행되어 온 노동조합에 대한 일방적 책임 전가라든지 미시 기업 단위에서 벌어지는 노조 파괴, 회유 행위들을 중단시킬 수 있는 계기를 마련해야 한다. 아마도 경제, 경제학을 넘어서는 '사회'의 요구가 되어야 할 것이다.

둘째, 내부 유보에 대한 조세 정책을 통해 임금 분배나 배당, 투자를 유도해야 한다는 의견이 있으며, 이른바 내부 유보를 몰수해야 한다는 의견도 있다. 우선 조세 정책을 통한 임금 분배는 임금 소득자들 가운데, 이미 상위 임금 소득 계층과의 격차가 큰 상태에서 하위 임금 소득자들과는 관련 없는 결과로 이어질 가능성이 크며, 주식 시장 참가자들 자체가 인구 중 극히 일부에 지나지 않는 상황에서는 배당 또한 소득 불평등 문제를 해결할 수 없다. 오히려 내부 유보는 투자와 관련이 있다. 결국 투자를 늘리기 위해서는 투자 압력이 강화되어야 하는데, 이른바 소비가 문제라는 데 일정 부분 동의한다. 하지만 이 역시 단기적 관점에 불과하다. 소비의 증대와 가동률의 개선, 이로 인한 설비 투자 압력 증가는 단기적 연결 고리를 가지고 있지만, 실제로 장기적 상황으로 이어지지 않을 수 있는데, 그것은 투자 성향의 변화 때문이다. 1980년대 초와 1997년 이후 단절적으로 변해 온 한국의 투자율의 변화를 고려할 때, 소비 증대를 통한 투자 압력은 일부 단기적 투자율의 상승으로 이어질지 모르지만 최소한 1997년 이후에 형성된 평균적 투자 수준을 넘어설 수 있을지는 확신할 수 없다. 일정한 투자 수준만을 유지한 채 금융 자산 매입과 해외 직접 투자를 더욱 강화할 가능성이 훨씬 크기 때문이다. 따라서 내부 유보 및 투자와 관련된 논의에서 금융 자산 매입 및 해외 직접 투자의 급격한 확대를 고려하지 않을 수 없다. 변화된 한국 경제에서 금융 시장은 (국내 투자를 위한) 자금 조달처라기보다는 자금 운용처로 변화했으며, 게다가 한국 기업들의 해외 투자 성향은 상당히 증대했다.

1980년대 이후 진행되어 온 정책 및 구조 개혁, 그리고 20년째 지속되는 노동 개혁 와중에 우리의 고용 조건은 끊임없이 악화해 왔다. 정부에서도 이를 방관하고 있는 것만은 아닌데, 그럼에도 불구하고 정책 및 구조 개혁의 전반적 기조는 바뀌지 않고 일종의 땜질식 처방만 지속되는 상황이다. 특히나 관리자 및 소유자들에 대한 엄격한 규율이 적용되지 않는 지속적인 구조 조정으로 인원 감축이 이뤄지고 이는 경제의 이질성을 확대하는 주요한 요인이 되고 있다. 경제의 이질성이란 제조업으로 대표되는 비금융 법인 기업 부문과 개인 부문 또는 자영업 부문의 생산성 격차가 고착화되고 있는 상황을 말한다. 특히나 개인 부문이 많은 비중을 차지하는 서비스업이 대표적이다. 서비스업의 낮은 생산성이 낮은 R&D 수준에서 비롯된다고 보아 서비스업에서 R&D에 소극적일 수밖에 없는 개인들을 퇴출하는 방식으로 서비스업 생산성을 증대하려는 방식은 여러모로 더 많은 문제를 야기할 수밖에 없다. 개인들이 서비스 자영업으로 진출하는 근본적 원인이라 할 수 있는 고용의 질 악화 및 인원 감축 위주의 상시적 구조 조정 과정에 대한 근본적 성찰이 없는 한 경제적 이질성의 확대를 막을 수 없으며, 벼랑 끝으로 밀어내는 방식의 산업 구조 개선은 오히려 지속적인 사회 문제를 야기할 것이다.

이 책은 위기 이후 미국과 유럽의 상황에 대한 묘사이고, 특히 유럽과 관련된 해석들은 현 시기 세계 경제의 변화를 이해하는 데 큰 도움이 될 것이라 생각한다. 미국 경제는 2017년 대선을 둘러싸고 위기 이후의 미국을 설계하는 작업에 들어가 있으며, 유럽 또한 격변기를 지나고 있다. 최근의 브렉시트는 그 사건의 경중을 떠나 위기 이후 유럽이 어떤 방식으로든 새로워지리라 예상케 한다.

먼저 오랫동안 기다려 온 독자들 및 출판 계약에서부터 출간까지 같이 작업해 준 나름북스에 감사한다. 여러 가지로 부족하지만 항상 믿고 지지해 준 이 책의 저자 중 한 사람인 제라르 뒤메닐에게 감사하며, 역자와 역자의 가족들을 따뜻하게 반겨 주고 지지해 준 뒤메닐과 그의 가족들, 역자의 작업을 검토해 주고 조언해 준 또 다른 저자 도미니크 레비에게도, 그들은 읽을 수 없겠지만 감사의 말을 전한다.


2016년 6월 28일
세종시에서
김덕민

신자유주의 위기 그 이후

# 거대한 분기

2016년 9월 29일 초판 1쇄 발행

지은이 _ 제라르 뒤메닐 · 도미니크 레비
옮긴이 _ 김덕민 · 김성환
펴낸이 _ 임두혁
편집 _ 김삼권 조정민 최인희
디자인 _ 토가 김선태

펴낸곳 _ 나름북스
등록 _ 2010. 3. 16 제2010-000009호
주소 _ 서울 마포구 동교로18길 31 302호
전화 _ 02-6083-8395
팩스 _ 02-323-8395
이메일 _ narumbooks@gmail.com
홈페이지 _ www.narumbooks.com

ISBN    979-11-86036-24-2  03300

이 도서의 국립중앙도서관 출판예정도서목록(CIP)은 서지정보유통지원시스템
홈페이지(http://seoji.nl.go.kr)와 국가자료공동목록시스템(http://www.nl.go.kr/kolisnet)에서
이용하실 수 있습니다.(CIP제어번호: CIP2016021424)